自律引力

讓成功主動靠近

| 時間規劃 | 目標計畫 | 財富認知 |
| 事業成就 | 情感世界 |

生活可能會失控
但你的態度決定了結果！

樊曉鵬 著

◎是運氣不佳，還是不夠自律？
◎被惰性侵蝕，未來還有救嗎？
◎拖延症晚期，你還在等什麼？

**你缺少的不是天賦，而是清醒與自律的勇氣
選擇不妥協於舒適，生命才會給你真正的掌聲！**

樂律

目 錄

前言		005
第一章	自律的程度，決定人生的高度	009
第二章	讓時間增值，就能改變人生	039
第三章	規劃人生，改變生命的精采度	071
第四章	控制欲望，生命的極致是素與簡	097
第五章	自律，是為了讓財富良性循環	129
第六章	心態，決定你的人生位置	153
第七章	調節情緒，對內而非對外抗爭	177

目錄

第八章　自律成就你的事業與發展　　205

第九章　在情感的世界裡，自律者才能自由　　231

第十章　健康，是奠定未來的基石　　255

前言

總是將「減肥」掛在嘴邊，跑步卻只堅持了三天；渴望著早睡早起的生活，卻改不掉晚睡的習慣；發誓要準時完成的工作，卻抗拒不了網路世界的誘惑而被迫拖延；羨慕別人早早實現了財務自由，卻將這一切歸結於幸運……。

「明明知道但是改不了」的壞習慣充斥著我們的人生，以至於生活變得愈發混亂、盲目、無秩序，亂成一團。這一切都是因為我們不夠自律。

不自律，像充溢著毒氣的「糖霧」，迷惑我們的視線、麻痺我們的神經、給予我們一時的快樂。同時，它也正一點一滴侵蝕著我們的心智、外貌，甚至是人生。

Google 高級工程師麥特・卡茨（Matt Cutts）曾為自己定下一份名為「30 天改變」的計畫，這份計畫將所有他之前無法堅持的事情都羅列了進去。比如說，每天步行 10,000 步、每天拍一張照片、每天騎單車上班、不看電視、不玩 Twitter、拒絕糖及咖啡因等。堅持了整整 30 天後，讓周圍人吃驚不已的是，曾經那個肥膩、總是無精打采的宅男工程師居然變得清爽、活潑了起來。麥特第一次感受到自律的魔力！原來選擇了自律，就是選擇了一個更好的自己。

前言

我們身邊那些真正的優秀的人，有哪一個會對自己放任自流？正因為他們從不「外求於物」、從不以享受為人生的唯一目的，才能提前將一切尚在萌芽狀態中的誘惑加以消除。

更可貴的是，每一個自律的人，都有著異於常人的情緒自制力。「怒不過奪，喜不過予」，源於他們內心深處的自信與魄力。當然，沒有人天生就能控制情緒，而成熟、自律的人卻懂得利用生活中的一切坎坷、艱辛和不如意來磨練耐性、堅定意志。

想知道一個人是否自律，最直觀的方法是觀察他的外表。如果他身材勻稱、健碩、體態優雅、外表整潔、精神奕奕，一定是一個愛好健身、十分懂得管理自己的人。當你學會克制自己，用豐富縝密的日程表來控制生活、用果斷乾脆的行動力來決定人生的時候，你會變得越來越強大。

這種清晰、有條不紊的生活狀態是自律人生的真實寫照。記住，亮劍只需一瞬，磨劍卻需一生。命運用來區分普通人的，從來不是某個機緣，而是你正在做的某件事。當你用樸素平凡的每一天來書寫這份答卷的時候，時間最終會告訴你，屬於你的巔峰在哪裡。

本書以客觀的視角從時間規劃、目標計畫、財富認知、事業成就、情感世界等多種方面詳細剖析了自制力差的原

因、後果及解決方法。當你閱讀本書時，你會充分地感受到不自律的人生究竟有多可怕；而扛得住干擾、頂得住壓力、抵得住誘惑的人生又有多精采。

前言

第一章

自律的程度，決定人生的高度

第一章　自律的程度，決定人生的高度

你期望的未來，源自今日的自律

蕭伯納（George Bernard Shaw）說：「自我控制是最強者的本能。」當我們每日沉浸於追劇、社群網路、玩遊戲等休閒放鬆的活動中時，大腦會傳遞出「舒服」的訊號，並自動將這種感覺延長。生活中大多數人會習慣性地選擇這種輕鬆快樂的感覺，對學習、工作等不易達成的事感到痛苦，於是就會逃避痛苦，將潛在的辛苦、疲憊拋諸腦後，繼續貪圖眼前的舒適安逸，舒服一天是一天。然而，少部分強者會選擇走出舒適圈，不屈從大腦發出的痛苦訊號，自發地約束自身的行為，嚴於律己，挑戰自己，戰勝惰性。

自律的意思是在無人監管的情況下，遵守規則，自我約束。事業有成的人一般都擁有自我約束的性格，史蒂夫·賈伯斯（Steve Jobs）、馬克·祖克柏（Mark Zuckerberg）、比爾蓋茲（Bill Gates）都保持著自律的生活，不會任由自己的惰性凌駕於行動之上。因為他們深深明白，自律意味著犧牲某些東西，而犧牲的這些東西能獲得更多的人生財富。如果你想要收穫精采而充實的人生，先得做好這樣的準備。

那一年，她才23歲，部落格是她寫作之路的起點。寫自己平凡的生活、寫零散的工作體會。因為摯愛文字，無論路有多難走，她都咬牙堅持了下來。當她的文章第一次被放上

部落格首頁推薦閱讀的時候，有人懷疑她動用了工作上的媒體資源。還有人曾開玩笑問道：「妳每天那麼晚才下班，哪有時間寫作！是不是偷懶怠工呀？」對這一切的懷疑，她很是委屈。他們根本不知道，她認識的媒體資源有限，寫作題材更是與她的工作毫無交集。面對本職工作，她勤勤懇懇，和所有同事一樣，幾乎每天都需要加班。

然而，當同事們紛紛進入香甜夢鄉的時候，她卻頂著黑眼圈，坐在電腦前，日復一日地敲打著那些凝結在胸的文字。她規定自己，每天必須完成2,500字，無論多累多辛苦。

七年來，她每天堅持寫作。即使就業了，不管是否加班，每天下班後都在堅持寫作。她堅持不懈的努力，終於有了回報。26歲那年，她的作品掀起一陣熱潮。27歲那年，她出版了第一本關於職場的書。28歲那年，她出版了自己的第四本書，得到了業內的一致好評。

多年來，她將寫作這件事情變成了一個無比自然的習慣。這份常人難以企及的自律讓她從一個懵懂稚嫩的小女生慢慢強大起來，而她的人生，也因寫作而愈發充實、精采。

有人一直嚷嚷著減肥，結果越減越肥；有人特地買了個kindle，發誓要增加閱讀量，結果沒過一個星期，kindle便被丟到了角落裡，如今已積了厚厚一層灰。

為現狀焦慮不已，卻又沒有毅力控制自我人生的人比比皆是。他們會罵自己懶，周圍的人也會為他們貼上「不求上

第一章　自律的程度，決定人生的高度

進」的標籤。然而，他們再怎麼憎恨自己，想要堅持的事情始終堅持不下去。他們混跡在人群裡，備感煎熬，卻始終無法改變現狀。

如果你也是這樣的人，請明白一個道理，唯有自律才能拯救你的人生。有位學者曾說過：「人一切的痛苦，本質上都是對自己無能的憤怒。」自怨自艾純粹是在浪費時間而已，不如將自律的信條深深刻印到骨子裡，聽從它的「指示」行事。只因自律是解決人生痛苦的根本途徑。

自律的人到了關鍵時刻，從不忘主動推自己向前奮進。大部分情況下，「不自律」的代價短期內是看不到的。所以我們總是一邊信誓旦旦地發誓，一定要開始改變，一邊又將行動的日期推延至明天。所以說，想自律就要隨時抱有居安思危的意識。

不想往前走的時候，看到路面正在坍塌，你再懶得提起腳步，也要逼自己跑起來。想要偷懶的時候，「殘忍」地推自己一把，才能讓自己大步邁入未來。自律成就了太多人的夢想。古往今來，多少人因自律而收穫了一份欣欣向榮的事業、一段精采絕倫的人生傳奇。

明代大學士徐溥是個極度自律的人。徐溥從小便性格穩重，不喜玩鬧。他在私塾讀書之時，向來是最認真的那個孩子。有一次老師發現徐溥從口袋中掏出一本小書。他以為徐

溥在看閒書，面露不悅。老師悄悄走近，一把奪下那本小書，翻開才發現原來這是徐溥自己手抄的一本儒家經典語錄。看著那整整齊齊的字跡，老師大加讚賞。徐溥為了查看自我言行，特意效仿古人在書桌上放了兩個瓶子。一旦心中產生善念，或者做了一件好事，他就會往其中一個瓶子中投入一粒黃豆；一旦他口出惡言，或者行為不慎，就會往另外一個瓶子中投入一粒黑豆。

一開始，黑豆明顯比黃豆多得多。徐溥沒有氣餒，日常生活中，他不斷約束自己，謹言慎行。後來，黑豆的數量越來越少，黃豆卻幾乎裝滿了整個瓶子。

徐溥一邊刻苦讀書，一邊修煉自我品德，終於在科舉中大放異彩。之後他入朝為官，依然延續著高度自律的好習慣，終於成為一代名臣，為後世所銘記。

每一個人都有夢想，然而夢想的高度，不是那麼輕易能到達的。夢想的旅途充滿艱辛與坎坷。不自律的人往往意志力薄弱，注意力渙散，每件事做到一半就放棄。足夠自律的人，嚴格要求自己，精心計劃好要做的事，並督促自己準時完成，為自己一步步打造通往夢想的階梯。

自律與不自律的人生，相隔千萬里。如果不甘接受庸碌無為的命運，那麼請從今天開始自律，為自己的人生好好奮鬥一次。

第一章　自律的程度，決定人生的高度

為人的最高境界：慎獨

有人說，最隱蔽的東西最能反映一個人的素養，細微之處反而能將這個人的靈魂看得透澈清楚。而一個人只有在獨處時，才會如實表現出自己的道德修養及人生態度。這是自律「慎獨」的體現，也是為人的最高境界。

曾有一個秀才為了趕上科舉考試，日夜兼程，風塵僕僕。路上，正當他又飢又渴之時，前方突然閃現一片桃林。熟透的桃子掛在枝頭上，顯得極為誘人。秀才頓了頓，目不斜視地穿過桃林，大步流星地向前邁進。

同行之人好奇地問道：「怎麼不摘個桃子解解渴？這點小事不算什麼。」

秀才卻義正詞嚴道：「事情雖小，影響重大。桃李無主，我心有主。」

無獨有偶，東漢也有一個「暮夜無知」的故事，說的是「關西夫子」楊震就任荊州刺史時，向朝廷舉薦了才華出眾的王密。王密被朝廷重用後，對楊震十分感激。一天夜裡，他拜會楊震，向其送上10兩黃金以表謝意。楊震拒而不收，王密低聲道：「黑夜裡，無他人在你我身邊，也就無人知曉這件事，您就收下吧。」

楊震斥責道：「你送黃金給我，天知地知你知我知，怎說無人知道呢？況自古以來，君子慎獨，怎能以為無人知道就做出違背道德的事情呢？」

為人的最高境界：慎獨

王密慚愧至極，訥訥不敢言。

這都是歷史上關於「慎獨」的經典故事。「慎獨」一詞出自儒家著作《禮記‧中庸》一書，書中有這樣一句：「莫見乎隱，莫顯乎微，故君子慎其獨也。」這裡的「慎」是小心謹慎的意思，「獨」有獨處之含義。這句話指的是：「慎重行事，隨時保持清醒」。

「慎獨」實際上是說，不靠別人監督，能自覺控制自己，乃至掌控人生。這堪稱最高級別的自律。能做到「慎獨」的人一定有著極為堅定的信念，為人處世始終保持清醒的頭腦，知道什麼該做、什麼不該做。

孟子曰：「君子慎獨」。南宋理學家朱熹解釋：「獨者，人所不知而己所獨知之地也。」曾國藩曾總結自己的處事經驗，寫下著名的「日課四條」：慎獨、主敬、求仁、習勞。

無論是孟子、朱熹還是曾國藩，都有著極其嚴格的人生追求。這種「慎獨」的人生價值觀使得他們走上了自律、自省、自強的人生之路。

以「慎獨」要求自己，以形成自律的第一重境界——言行如一。《論語‧為政》中記載了這樣一段對話，子貢問孔子：「老師，怎樣才能做一個君子？」孔子回答：「先行其言，而後從之。」意思是說，先去實現你想說的，之後再將它說出來。

第一章　自律的程度，決定人生的高度

有的人做事之前總是誇誇其談，之後卻一再違背誓言，更不斷拿藉口來搪塞別人、糊弄自己，這便是極度不自律的表現之一。

柯雲見自媒體越來越火熱，便也申請了一個帳號，方便自己寫作。第一篇文章剛發送出去，他便將這件事告訴了自己的親朋好友，邀請他們為自己的帳號按讚、留言。朋友稱讚道：「柯雲，你真行，我下班後就想躺著，你比我們上進多了！」

以前的老師也留言說：「文采不錯，為你按個讚！繼續加油哦。」柯雲將這些讚美照單全收，在社群裡談起了自己的規劃：「首先，我會堅持練習，筆耕不輟，逐步提升自己的寫作能力。然後，我會努力經營這個帳號，讓流量越來越高！」

然而，柯雲誇下海口後，卻遲遲懶得行動。見柯雲的第二篇文章遲遲沒有發布，朋友在社群裡詢問，柯雲卻解釋道：「這幾個月都在加班，實在沒時間。」之後，柯雲又在社群裡廣而告之各位親戚朋友，他將針對某社會熱門問題製作一個專題。然而，一連兩個月過去了，他口中的「專題」卻始終不見蹤影。

有人開玩笑道：「柯雲你別糊弄我們啊。」柯雲卻委屈道：「專題不是那麼好寫的，我要查閱更多的資料，力求嚴謹。」他只顧說大話卻沒意識到，自己在社群上的粉絲早已悄悄跑光了。

太多的人習慣於高談闊論，卻懶於行動，這是不自律的行為。另外一些人卻能言出必行，即便處在無人監督的情況

下。你要記住,言行不一的人注定一事無成,待真正完成了事情再將成果告訴別人。

以「慎獨」要求自己,以形成自律的第二重境界 —— 不忘初心,始終如一。無論做任何事,貴在一個「恆」字。千里之行始於足下,說的就是這樣的道理。

大文豪歐諾黑‧德‧巴爾札克(Honoré de Balzac)幾乎每天都會在稿紙上耕耘十六、七個小時,即使累得手臂痠痛也不肯放棄。有位國畫大師每日都堅持作畫,從不輕易間斷。85歲那年的某一天,他一連畫了四幅畫後,特為昨天補了一幅,題字道:「昨日大風雨,心緒不寧,不曾作畫,今朝製此補之,不教一日閒過也。」

長久的「慎獨」,靠的是「十年如一日」的定力,靠的是堅持不懈、持之以恆的勁頭。越是細微處,越是無人時,越要保持著以往的作風,從始至終不忘初心,如履薄冰謹慎前行,這才是為人的最高境界。

怎麼過一天,就怎麼過一生

人的一天好比一生的縮影。當你深陷在頹廢的生活模式中卻懶於掙脫,在不知不覺中你的半生已悄然溜走。

想要過好這一生,其實並不難,珍惜現在,過好每一天

第一章　自律的程度，決定人生的高度

即可。從現在起，認真做好當下的每一件事，努力讓每個平凡的日子都過得精采而充實，等你回首往事時，才不會覺得後悔。

女孩就讀大學的英文系，迎來了大學期間的第一場英文模擬考試。成績出來後，女孩沮喪極了，她的成績排名位於全年級倒數。

那時候，女孩的夢想是成為一名優秀的外交官，而這次的英語測驗卻讓她瞬間意識到，自己與夢想之間簡直差了「十萬八千里」。女孩左思右想，決定將這「十萬八千里」的路程分攤入每一天，她發誓要努力過好每一天，一步一步朝著夢想邁進。

從那以後，女孩每天 5 點準時起床，簡單盥洗後便帶著書本悄悄走入教學樓前面的一片小樹林裡，勤奮地背單字、練習口語。

白天上課的時候，女孩更是認真至極，筆記做得一絲不苟。下了晚自習後，她會一個人偷偷讀書到深夜。她整整堅持了一個學期，等到期末考試的成績一出來，所有人都驚呆了，她竟成了那一年度英文系的第一名。

女孩找到了堅持下去的動力。在她整整堅持了 1,000 多天之後，她參加了全國英文演講比賽，成功拿下第一名。她的人生從此改變。

這個女孩將早起的習慣一直堅持到現在，並始終信奉：「過好每一天，就能過好這一生。」有人說，世界上最難的事

情不是中樂透,而是日復一日、年復一年地將一些事、一些好習慣堅持下去。普通人太容易半途而廢、淺嘗輒止。沒有計畫的做事情,不記得上週甚至昨天到底做了什麼、有什麼收穫;想看的書都壓在了箱底;越來越相信自己是一個爛泥扶不上牆的失敗者⋯⋯。

追逐「今朝有酒今朝醉」的人會將每一天都過得混沌不堪,他們是在透支未來的幸福。如果你想做出改變,先拋棄那些不切實際的夢想,將目標調整為 ── 充實地度過每一天。

為了理清思路,首先,整理出未來半年或一年裡你最想做的事情,將它們用筆寫下來。寫的時候不用顧慮自己究竟能不能實現,大膽一點,將它們一一列出來。比如說,考駕照、背誦詩詞、練習英語口語、準備考試等。計算一下,你完成它們需要多長時間,分配好每一天的時間,並劃出特定的時間來學習。尤其要注意的是,羅馬不是一天建成的。與其一天學習三、五個小時,從第二天起便將書本丟到一旁,還不如每天都只學習一個小時,將它日復一日地堅持下去。其次,改變自己的壞習慣。有的人晚上聊天、追劇至深夜,第二天只能頂著濃濃的黑眼圈,開會上台報告時打著哈欠,讓上司皺眉不已;有的人縱使辦了健身卡,卻寧願和損友們聚在一起喝酒烤肉,也不願去健身房鍛鍊身體,結果身體健康指數越來越差⋯⋯想要每天都精神飽滿,首先要做到早睡

第一章　自律的程度，決定人生的高度

　　早起，堅持鍛鍊身體，這是規律生活的第一步。在現代人的生活中，晚睡是個大問題。沒有充足的睡眠，一定會對第二天的工作狀態有所影響，這無疑是一個惡性循環。

　　根據自己的生理時鐘，制定「早睡早起」計畫，不要讓自己的時間白白流失在深夜，也不要錯過清晨的陽光。平時要堅持鍛鍊身體，這既能增強健康狀況，又能幫助我們提高耐力。

　　最後，享受學習的樂趣，更享受平日生活裡的點滴進步，將每一日都規劃得井然有序。剩下的交給時間，它會給你一個想要的未來。

　　「混」過一天又一天，你想要的生活只會與你越來越遠。而將每一天都當成新的起點，平衡好每一天的工作與生活，日復一日，積少成多，不需多久時間，你就會蛻變成全新的自己。將這種堅持與自律刻入骨子裡，它能讓你終身受益。

將就與湊合會慢慢侵蝕你

　　但丁・阿利吉耶里（Dante Alighieri）說：「別人後退，我不退；別人前進，我更進。」行走在人生的旅途上，很多時候，你退縮一次，剩下的人生裡便只剩下退縮了。你若將自律刻在了人生之初，一路昂揚奮進，勇往直前，遲早會抵達夢想中的未來。

將就與湊合會慢慢侵蝕你

記住，一旦選擇了退而求其次的生活，便只能將就、湊合過完這一生。趁現在還有機會選擇，千萬別湊合。

某大學大四學生李靜在教授的指點下，開始準備畢業論文。李靜自覺自己的論文題目內容過於廣泛，怕自己不能勝任，便在課後詢問教授，憂心忡忡道：「老師，我的題目是否過於宏大？這方面的內容太艱深了，對於我這樣的學生而言，恐怕很難順利完成。」

教授分析道：「你的論文開頭寫得很好，看起來你平時很認真。你再繼續研究下去，最後的成品可能很令人驚豔。」

李靜皺眉道：「這對我而言太難了。我想換個更容易的內容，我也比較有把握。」想不到教授居然發起火來：「還沒開始做，就退而求其次，習慣了這一套，以後你在社會上怎麼立足？做任何事前都要把目標定得高一點，不要將就，更不要湊合。」

與其彎腰撿地上的爛果子飽腹，不如努力踮腳去摘取樹上鮮豔欲滴的新桃。多少人讀書的時候，成績平平淡淡，從沒想著再向前進一步，認為湊合考個大學就行。畢業後也沒想著繼續深造，或者爭取更有發展前途的工作，覺得能養活自己就行。我們習慣差不多的生活時，這無數個「差不多」累積在一起，我們和別人的差距便越拉越大。

哈佛校長德魯・吉爾平・福斯特（Drew Gilpin Faust）曾在某次畢業典禮上發表演講稱：「不要因為沒有停車位就把車停

第一章　自律的程度，決定人生的高度

在距離目的地 20 個街區的地方。」她告訴我們，要牢記對於我們而言高得不可能再高的期望，因為那如北極星一般的期望能指引我們到達夢想中的彼岸。

這著名的「停車位理論」是在告訴我們——永遠不要向現實低頭，不要將「將就」和「湊合」視為人生的座右銘。當你無比執著於山頂的風光時，最少也能堅持到山腰；當你將目標定為山腰時，你很有可能賴在山腳下，在糾結和猶豫中將半生光陰白白蹉跎。

一個不將就的人一定知道自己心目中最渴望的是什麼，他會努力去增進自己，讓自己配得上美好的生活。而圍繞在你我身邊的大多是這樣的人——過著糊里糊塗的生活，不清楚自己的定位，也不明白自己的未來將會是什麼。他們嘲諷自律的意義，等到夢寐以求的機會從自己手上溜走的時候，才嘗到後悔的滋味。如果你也是這樣的人，請捫心自問——我想要的究竟是什麼？

一個不將就的人，不會盲從於他人的意見和態度，會傾聽自己內心的聲音。很多時候，你的將就和湊合是受了他人影響。

好友說女孩子不用太拼，太自律的人生只會苦了自己。於是你早早地丟棄事業心，上班只顧偷懶，下班後只知道和朋友們逛街、聊八卦，腦袋變得越來越空。

你一次次將就、妥協、湊合，於是慢慢被同化，直至最終加入平庸大眾的隊伍中。若不想被這些負能量毀掉人生，就不能為自己的人生設定上限。你要過的是「上不封頂」的一輩子，若是一次又一次地喪失底線，你在乎的人、事、物最終將離你而去。

奧斯卡‧王爾德（Oscar Wilde）說：「我們都在生活的陰溝裡，但仍有人仰望星空。」你越是逃避，就越是碰壁。你為人生制定的目標越低，能得到的回饋就越少。與其如此，不如做一個自律的人，在黑暗中為自己點燃燈火，滿懷希望地活在當下，無所畏懼地擁抱未來。

常將理想掛嘴邊，卻沒有行動

每個人都有很多想法。區別在於，有的人能自覺地將這些想法逐一落實到行動上，而有的人卻僅僅將它們掛在嘴邊，只是隨便說說罷了。

有人說，夢想一旦被付諸行動就變得神聖。例如，暗夜中的螢火蟲，只有用力地搧動翅膀，才能聚攏起一汪黃橙的亮光；冷風中的寒號鳥（複齒鼯鼠），只有立即去建造一個窩，才能免於被凍死的結局。對於普通人而言，列好目標和計畫就去行動，千萬不要滿足於當空想家。

第一章　自律的程度，決定人生的高度

　　史磊大學畢業後，準備去美國留學。當生出這個想法的那天起，他就在社群上發了文章，嚷嚷得人盡皆知。他將這話足足說了半年，可是連手裡的幾份留學的資料都沒準備齊全。

　　而他的同班同學肖明早已選定了心儀的學校，默默地開始做準備。不久，他收到了加州一所大學的錄取通知書，於是不聲不響地飛到太平洋彼岸，開始了自己的留學之旅。

　　史磊在一家網路公司工作了好幾年，他一直對身邊的朋友抱怨這份工作薪資低、晉升管道窄，想要離職創業。身邊人早已聽慣了他的「誓言」，卻一直沒把這話當真。

　　然而，30歲那年，史磊卻透過班級群組得知了一個消息，肖明在美國讀完博士後便回國創業，前一陣剛剛拿到天使輪融資。他心裡頓時一陣忌妒。

　　年底的同學聚會上，有同學問肖明：「你混得這麼好，怎麼不在社群上晒晒？」肖明卻笑道：「做事之前，得沉住氣。很多想法，你和別人說著說著，就跑不見了。」不遠處的史磊聽後心裡卻不是滋味。

　　也許你自己或者身邊的人也曾有過這樣的經歷——總嚷嚷著要去周遊世界，實際上簽證都沒辦好；在社群上「宣告天下」要重新學習英語，誰知僅僅打了兩天卡便丟在了一邊；向別人秀馬拉松的報名表格，真的到了比賽的那一天卻躲在家裡吹空調……。

　　普通人之所以沉溺於空想，卻拒絕去行動，原因有很

多。首先，可能是認知偏差效應在作怪。比如說，有個人在工作中犯了一點小錯誤，他腦中頓時湧現出無數個念頭，大部分都在貶低自己、放大錯誤。他甚至會因此對自己的工作能力產生質疑。

實際上這個人的工作表現一直很不錯。然而，這一個小失誤卻引起了一系列的負面效應，他可能因此而否定自己。這種現象被心理學家歸類為「認知偏差」。產生認知偏差的主要原因是自動化思考──

即人類在無意識的情況下產生的思考。

研究顯示，自動化思考大部分都是負面的，它會將我們推向認知的失誤，從而做出錯誤的判斷。我們總是有很多想法，並企圖用意志來控制自己。但是普通人的意志力極容易「崩盤」，這是我們屢戰屢敗的原因。惡性循環至一定的程度後，有一些人乾脆放棄了行動。

想要走出這惡性循環，先得想法消除認知偏差帶來的負面影響。行動之前別想太多，行動的過程中別只因為一點小失誤就情不自禁地懷疑人生，乃至全方面地否定自己。

如果今天的計畫沒有準時完成，一味沉浸在後悔、自責中是在浪費時間，自暴自棄更是對自己最大的不負責任。不如先好好休息，為全新的明天做準備。

拒絕行動的另一個重要原因是害怕失敗。很多人在行動

第一章　自律的程度，決定人生的高度

之前會列好無數方案，恨不得將所有情況都考慮進去，但是卻不願意立即投入行動。他們總是在某個必要的選擇面前猶豫不決，害怕這個選擇會為自己帶來難以挽回的損失和傷害。

根據行為經濟學可知，已經投入但無法回收的成本被稱為「沉沒成本」。很多人對「沉沒成本」是懷有牴觸心理的，他們無論做何事都會力求勝利，盡可能地降低失敗率。正因現代社會對失敗極不包容，所以普通人行動之前總會顧慮良多，慢慢便成了空想家。

實際上，失敗並不可怕，它是你成長的必經之路。與其害怕收不回成本，害怕承受失敗的打擊，不如勇敢地去嘗試、勇敢地接受現實的錘鍊。

你要明白，機不可失，時不待人。老是空想、磨蹭，猶豫著不去行動的你，只得一次次與人生中的機遇失之交臂。

有位著名博士曾經分享，6歲的時候，他迎來了人生中最大的教訓。那一天，他正走在一棵大樹底下，一個鳥巢突然掉落到他的頭上，將他嚇了一跳。他定睛一看，鳥巢裡滾出來一隻小麻雀，正嘰嘰喳喳地叫著。

他小心翼翼地將麻雀放在自己的掌心上，目不轉睛地觀察著它。只見小麻雀一雙眼睛滴溜溜地轉，十分可愛。他很喜歡小麻雀，將它放在鳥巢裡一起帶回家。

走到門口的時候，他突然猶豫了。原來母親一直禁止他

在家中養小動物，想到母親嚴厲的樣子，他不由得擔心起來。他將鳥巢掛在門後，大步走進屋內，將這件事告訴了母親。他不停哀求母親，看著他可憐兮兮的樣子，母親只好點了點頭。他開心地笑起來，他一蹦一跳地來到門後，捧起鳥巢，卻驚訝地發現，鳥巢裡的小麻雀早已蹤影全無。他看了看四周，發現不遠處一隻黑貓嘴裡正在咀嚼著什麼……。

從這以後，這位博士就變成了一個徹頭徹尾的行動派。他為人生設定諸多的目標，並奮力前行，遇到失敗毫不氣餒，越挫越勇，最終成為一位著名的成功人士。他曾說過這一生最不喜歡優柔寡斷的人。只有行動才是滋潤人的養料，而一味將夢想掛在嘴邊的人注定會失去成功的可能。

弱者抗拒變化，強者擁抱改變

日本美學大師松浦彌太郎（Matsuura Yataro）說：「世界在變化，為了維持自己的本色，我們不得不成長。」這即是說，在變動不居的世界裡，為了保持不變，改變是必要的。

「變化無常」可以說是人生的一個重要問題。面對生活中的種種變化，弱者要不哭天搶地怨天尤人；要不故步自封拒絕改變。當同樣的問題考驗強者時，強者毫不畏懼生活裡發生的變化，並勇於接受它。因為他們明白，做一個故步自封的人，遲早會被這個社會所拋棄。

第一章　自律的程度，決定人生的高度

有一次，大衛見一家著名的公司正在應徵網路維護人員，便精心準備了一份簡歷，投遞給這家公司。大衛對面試並沒有足夠的把握，因為從畢業以來他一直從事軟體設計行業，並無網路維護方面的工作經驗。不過，讓他喜出望外的是，他居然被 HR 選中了。

進公司後，大衛努力學習著新的職位技能，不斷向同事討教經驗。下班後他總是一頭栽進自己的房間，孜孜不倦地研究著專業知識。他逐漸成為同一職位員工中的佼佼者，兩年後他升任主管，薪資翻了幾倍。

後來，大衛見設計部的某位同事辭職了，便思索著想調到設計部工作，重回老本行。朋友勸他道：「你們公司設計部人才濟濟，在這個城市裡都赫赫有名。雖然你能力也不差，可是與這些名校畢業的設計人才們比起來，還是有差距的。」

另一個朋友道：「你好不容易當了主管，生活也穩定下來，何必去折騰呢？」大衛卻搖搖頭，不為所動。從第二天起，他在做完分內工作的同時，會去設計部幫助其他同事分擔設計工作。一開始，他只是打打下手，漸漸地，他開始接觸起核心的軟體設計企劃案來。

堅持了一年後，大衛被老闆調去了軟體設計部，他逐漸成長為獨當一面的設計人員。而他之前所在的網路維護部門卻因經濟危機遭到人力精簡，只剩下三名員工……。

生活總是處於變化之中，不以個人的意志為轉移。弱者無法應對無常，於是蜷縮在所謂的「舒適圈」裡，始終拒絕變

弱者抗拒變化，強者擁抱改變

化。然而，你若一直拒絕改變，世界總有一天會拒絕你。

仔細觀察身邊的強者，你會發現，他們不但從不拒絕改變，反而千方百計，尋求著一切改變的機會。同時，強者的自律又令人驚嘆。他們能持續工作到深夜，為未來積蓄著資本。他們即使工作穩定，也會不間斷地參加一些能提升職業技能的培訓課程。面對未知的挑戰，他們正向努力尋找應對方法，思考如何解決它們，而不是去擔憂失敗的後果。

主動尋求變化的強者，畢竟是生活中的少數。大部分人總是眷戀「舒適區」的安逸。然而，目前的舒適與安逸，極有可能是生活為我們鋪設的「定時炸彈」和「溫柔陷阱」。

作為普通人，要趕在變化到來之前，隨時做好走出「舒適圈」的準備。你要隨時保持警惕，千萬別讓一時的安逸腐蝕掉你的危機意識。你要嘗試著打破目前的安逸假象，努力尋求改變。只有將人生當成一場修煉，才能迎接一個更好的自己。

如果你是懶惰的人，從今天起改掉身上的那些壞習慣。如果你是職場新人，努力去適應新的環境，找到晉升的管道。如果你是基層管理者，不要滿足於目前的小小成就，加強管理技能，為未來尋找更多的可能。

那麼，在變化突如其來的那一刻，我們又該如何應對呢？我們可能會抱怨、會哭泣、會躲起來，否認事實的發

生。這樣做的你,不久就會發現,這一切都不能改變它的發展。你必須第一時間收拾好情緒,認清事實,坦然接受,冷靜地尋找解決問題的辦法。

如果你總是在糾結逃避,沉浸在痛苦中無法自拔,情況只會變得越來越糟糕。

李晴是某大學日語系的優秀畢業生,畢業後,因為種種原因,她始終找不到日語相關行業的工作。為了能在這個城市裡立足,她只得放棄日語相關的工作,進入一家網路公司做起了客服。薪資雖不是很高,卻讓她的生活漸漸穩定下來。李晴在客服的職位上一待就是三年,期間她也想過辭職去找更好的工作,可是一想到以往那段來回奔波於人才市場的痛苦經歷,她不禁害怕起來。周圍同事的學歷都比她低,大家下班後只知道吃喝玩樂。在這種環境中,李晴也放棄了努力。漸漸地,她對日語也生疏了起來。

後來,大學同學介紹她去一家日商公司工作,李晴卻苦笑道:「就我目前這程度,大概做不了幾天就得被人炒魷魚。」見她逃避的樣子,同學搖搖頭,深感可惜。

派屈克‧史賓賽‧約翰遜(Spencer Johnson)在其著作《誰搬走了我的乳酪?》(Who Moved My Cheese?)中寫道:「生活並不會遵從某個人的願望發展。改變隨時有可能降臨,但正面地面對改變卻會讓你發現更好的奶酪。」

弱者總是安於現狀,沉溺於眼前「奶酪」散發出的濃香

中,不思進取、坐吃山空。強者卻總在積極地尋找更多的「起司」,為更好的生活做出更多的改變。當選擇的機會擺在你面前的時候,你會選擇成為強者,還是弱者?答案不言而喻。

真正愛自己的人才懂得自律

我們常常會發現,越是優秀的人,越能將自己的生活打理得井然有序。他們妝容精緻、舉止優雅,以飽滿的精神應對每一天的機遇和挑戰。哪怕面對的是生活中的坎坷和挫折,他們也自信滿滿,以層出不窮的方法和計畫來應對。

面對這樣的人,首先,你的直觀感受一定是──他們很懂得愛自己。其次是──他們也太自律了吧。實際上,層級越高的人,越自愛,而越是自愛的人,越能保持高度的自律。

如果你看過相關成功人士的傳記,你會為他們那股認真的勁頭而驚嘆。他們珍惜時間、珍惜生命中的每一個可能性,他們推崇自尊、自愛、自律的人生態度,也因此創下了一番事業。

蘋果公司 CEO 提姆・庫克(Tim Cook)每日凌晨 4 點半起床,他先花一點時間處理工作郵件,然後每日堅持不懈地

第一章　自律的程度，決定人生的高度

去健身房鍛鍊身體。等員工們睡眼惺忪地來到公司，迎接他們的是庫克極富感染力的微笑；美國前總統巴拉克·歐巴馬（Barack Obama）對自己的身材管理極其嚴格，他每天都會抽出 45 分鐘來運動，縱使他身兼國務重擔；2016 年間，Facebook 創始人祖克柏每天堅持跑滿一英里，每個月都會閱讀兩本書。同時，他努力學習中文，整整堅持了一年。

成功人士過的都是比普通人要忙碌得多的生活。可是他們深知，這些好習慣是提升自己、保持良好狀態的不二法門。這是他們能毫不費力堅持下去的原因。

所有的自律都源於自愛。一個毫無自愛意識的人會認為自律不過是一種束縛，甚至是一種自虐。在意志對抗欲望的過程中，不自愛的人會感到痛苦，容易向一時的挫折繳械投降。所以說，只有發自內心地愛護自己，你的自律才有意義，才能持之以恆地堅持下去。

每個人的面容上，都凝縮著他們生活的剪影。晝夜顛倒、作息紊亂的人往往蓬頭垢面、精神極差。充滿負能量的人往往佝僂著腰背，眼神裡充滿著怨氣，讓周圍人不敢接近。而自律自愛的人全身上下縈繞著正向的氣息，好像人生永遠處於他們的掌控之中。和這樣的人相處，總有一種如沐春風之感。好運也總是更青睞於這樣的人。

自愛是自律的前提。在現實生活中，很多人因為受了外

真正愛自己的人才懂得自律

界的刺激,在自厭心理的作用下才開始自律。有的人看到別人打籃球的時候身姿瀟灑,等到自己馳騁於球場之時,才驚恐自己的身體狀態和籃球技術如此之差。反省之後,覺得自己如此差勁,想改變現有狀況,就瘋狂地練習籃球。

有的女孩看見別人身材姣好、裊裊婷婷。反觀自己,頓時悲哀地發現自己臃腫得像個冬瓜。越看越覺得自己不堪入目,所以瘋狂地節食、運動。

當自厭成為自律的原動力時,短期內確實能看見一些成效。因為只有討厭現在的自己,才會夢想著能遇見更好的自己。然而,籠罩在自厭陰影下的種種自律行為,無疑會讓你痛苦至極。因為你對別人的目光太過關注,遠遠多於關注自己。

如果你能將放在他人身上的目光轉移到自己身上,和內心的信念握手言和,你一定會加倍自律起來。這就是自愛能產生的力量。自愛加持下的自律會讓你心甘情願地遵守規則,主動地尋求正面向上的生活。因為世界在你眼裡,是美好的。你始終相信,未來將璀璨至極。

自尊自愛能產生源源不斷的正能量,這時候,你又何必選擇「苦大仇深」的生活?只有愛自己,才對得起曾付出的那些努力。

一次聚會中,朋友問王迪:「你為了將自己變得更好,曾對自己做過的一件最狠的事情是什麼?」王迪思考半晌,回

第一章　自律的程度，決定人生的高度

答：「大概是高中的時候，為了減肥，我曾有十天不吃不喝，每天不停地灌水，還是餓得前胸貼後背。」

朋友好奇地追問：「後來呢？」

王迪答：「後來我暈倒了⋯⋯醒來後恨不得把桌子都啃了。」

大夥哄堂大笑。

王迪若有所思，又道：「對了，這還不是最狠的。記得剛出社會工作的時候，我整顆心都放在工作，對飲食方面很不注意，三餐從來不準時吃，怎麼方便怎麼來。後來有一天上班我胃痛得厲害，被同事緊急送去了醫院。」

王迪沉陷在往事之中，又道：「還有一次，我加班到深夜，冒著大雨趕回家，圖省事直接沖了個冷水澡，結果一連感冒了好幾天⋯⋯。」

王迪說著說著，早已淚流滿面。大家也安靜下來，聽著她喃喃自語：「現在的我，因為長期熬夜，身體早垮了。手腳長年冰涼，胃也受到了不可逆的損傷，每天都得吃中藥調理。我努力想把自己變得更好，卻沒有真正地愛惜過自己⋯⋯。」

把自己變得更好之前，先好好愛自己。「非人」的自律也許能暫時緩解你內心的焦灼感，卻無法帶給你長久的安全感。當一個人感受到了愛，找到了自己存在的價值和目標時，他會將「自律」這件事當成生命中理所當然的一部分。所以說，自愛才是自律的核心。

自愛才是你生命熱情的來源。那些難以將自律堅持下去的人，或者咬著牙自律的人，請放下內心的執念，學會關心自己、愛護自己，這樣才能從自愛中獲取正面的原動力。

自律與否，造就了幸與不幸

　　如果說性格決定一個人的命運，那改變命運之前，必須先改變性格。改變的關鍵，在於你是否擁有超強的自律。擁有超強的自律是成功者共同的特質。生活中普普通通的人，想要讓生活變得井然有序、工作變得更加出色，首先你得把自己的生活管理得井然有序。否則，沒有高效的自我管理，在欲望、壓力、誘惑下，我們的行為可能會失當，甚至失控。

　　我們在研究成功者時，往往習慣專注於他們的行為、天賦、背景、資歷，甚至是人際關係等。其實這都是很表象的東西，而深層的原因是──他們擁有超強的自律。

　　那什麼是自律？很多人會簡單地理解為自我約束，準確地說，自律就是自我控制的能力。即指一個人能自覺地、有意識地控制自己的情緒、支配行動的能力。這是自律的重要體現。

　　自律主要表現在兩個方面：一是約束、規範自己的行為，

第一章　自律的程度，決定人生的高度

提醒自己去做該做的事情；二是善於抑制自己的欲望，讓理性戰勝情感。

在生活與工作中，自律無處不在，也無時無刻不影響著我們的人生。現實中，有著較強自律的人，往往不會放縱自己，由著性子去做「高興的事」、「得意的事」，說話、做事也不會只圖痛快。一味追求完全的自由，那不是自律，而是失控。比如，你計劃明早 6 點鐘起床去跑步，鬧鐘響了，你是否願意立即離開溫暖的被窩？你打算存錢買一部車，你是否能做到節省開支，不再亂花錢買東西？再舉個普通的例子。我們每天上班要打卡。試想，如果公司沒有這個規定，有多少員工會準時到公司？人都是有惰性的，在缺少外部監督或某種強制力督促的情況下，我們的惰性往往就會冒出來。如果說，遲到一次扣半天薪資，遲到兩次扣當月獎金，你就會強迫自己去戰勝賴床的習慣。凡事都是如此，在生活與工作中，我們每天都不停地在對抗自己的惰性。

很多時候，我們本身就是一個矛盾體。矛盾的一方是欲望，另一方是理智，如果任憑欲望支配自己的行動，注定會讓自己成為欲望的奴隸，表現症狀有：拖延、負面怠工、隨心所欲、浮躁……這是一種嚴重缺乏自律的表現。

一個自律很差的人，他的執行力往往也很弱，許多人都有著過人的天賦，但是由於缺少自制力，或吃不了苦、或不

甘寂寞、或禁不住誘惑、或抵不住壓力⋯⋯最終一步步從優秀走向平凡，直至平庸。相反，超強的自制力，可以讓一個人更好地駕馭自己，使其一步步從平庸走向平凡，直至卓越。

自律特別差的朋友，從現在開始可以把「一分克制，就是十分力量」這句話寫在一張紙上，貼在家裡最顯眼的地方，或床頭、或電腦桌旁，每天早晚在心中默讀 10 次，並激勵自己當日事當日畢，然後堅持一個月。

平時清閒時，也不要養成無所事事的惡習。一旦縱容了自己，讓懶惰與拖延成為習慣，你會發現，不但眼前的事情辦不好，而且一連串的問題也會接踵而來。更要命的是，許多問題相互疊加後，不僅難以解決，還會讓你付出加倍的代價。

成功固然需要聰明才智，但是只有一顆聰明的大腦，是不足以讓一個人變得優秀的。好多老闆相貌平平，智商也不比別人高，為什麼卻能成為老闆，帶領著一批高學歷的高材生呢？

這是不能用智商來解釋的，好多人都掌握著豐富的專業知識，也有著非常完美的創業計畫，但從未付諸行動。他們頭腦清醒，方法完美，決心不堅定，最後堅持不下來，或者根本沒有去行動，一切都為零。

第一章　自律的程度，決定人生的高度

那麼，為什麼大多數人缺少行動？根本的原因是缺少自律。拿破崙·希爾（Napoleon Hill）博士認為，拒絕和忽視運用自制力的人，實際上是損失一個又一個好機會，而且，最糟糕的是，他們本身並不知道錯過了這些好機會。每個人都是自己的老闆，都是自己或家人的管理者。管理好自己是第一位的職責，是決定個人成敗的關鍵一環──只有透過自我約束，才能獲得真正的自由。要想喝水，必須將水倒入杯中，方可飲用。如果沒有杯子的話，不但盛不起水，相反，水還會四處亂濺。因而杯子對於水就是一種約束。相對於水，自律就是我們人生的杯子。

第二章

讓時間增值,就能改變人生

第二章　讓時間增值，就能改變人生

「四象限原理」助力高效

在競爭愈發激烈的現代社會中，每個人看起來都很忙，忙著生活、忙著工作、忙著奔向成功的彼岸。儘管忙得焦頭爛額，很多人卻在抱怨說：「為什麼我的效率如此之低？」

管理學大師彼得・斐迪南・杜拉克（Peter Drucker）說：「不會管理時間你就不能管理一切。」一句話道出了背後的真諦。如果你始終不懂得如何高效利用時間，就只能收穫忙碌卻又盲目的人生。

而普通人與成功者們的分水嶺，正在於時間管理，這足以對一個人的事業成敗產生影響。成功人士們總能將「四象限原理」運用得出神入化，以此來為自己的時間增值。

何為「四象限原理」？它實際上是時間管理的有效工具之一，由美國管理學家史蒂芬・柯維（Stephen Covey）提出。

日常工作中，大大小小的事情繁雜瑣碎。如果摸不清頭緒，乃至「眉毛鬍子一把抓」，你的事業會因此而停擺，生活也會變得糟糕起來。四象限原理有效地解決了這個問題。

你要明白，不是所有工作都是同等緊急且重要的。我們在處理事情的過程中應該先分好主次，依據一定的標準進行級別的劃分。那麼，應該如何來劃分時間的四個象限呢？

一、工作的緊急程度。上司交代給你的某些工作，因為

截止日期迫在眉睫，往往需要優先處理。這時候，集中時間和精力，全力以赴將它完成至最好的程度。至於一些不太緊急的工作，先放一邊。如果你身兼管理責任，還可授權於他人完成。

二、工作的重要程度。現實生活中，某些重要企劃案的計畫往往需要花費更多時間來完成，期間還需全神貫注。將重要的工作排在前面，不重要的排在後面，才是明智的做法。

三、劃分標準後，確定工作的重要性和緊迫性。重要且緊急的工作，是當下的要點，如果不能完善地完成，會對你的事業產生重大影響。至於其他工作，既然什麼時候做都可以，又不會產生明顯的後果，不如將它放在後面處理。

根據以上分析，我們可以得出這樣一個結論：「優先工作順序＝重要性 × 緊迫性」。以此，可將工作劃分為四類：既緊急又重要（位於第一象限）、十分重要但不緊急（位於第二象限）、緊急但不重要（位於第三象限）、既不重要也不緊急（位於第四象限）。每個人的精力和時間都是有限的。權威研究顯示，成功人士往往會將主要時間和精力集中於第一象限和第二象限。對於既緊急又重要的工作來說，他們肯定會第一時間去處理。但成功人士們在處理的過程中，會主動去思考：「真的有那麼多重要且緊急的事情嗎？」

他們很快便會想明白，第一象限中的 80％ 的任務都來自

第二章　讓時間增值，就能改變人生

第二象限。也就是說，一旦第二象限中的任務沒有被完美地解決，很快會上升到第一象限的範疇中。為此，他們會將目光集中於第二象限，逐漸養成「做要事而不是急事」的良好習慣。

這是因為有些重要的工作足以決定你受教育的程度、你的工作業績、你的未來發展。優先處理它們，是在為成功鋪路。

而25％到30％的普通人會將大部分時間用於處理緊急事務，即第三象限。他們總是忙於應付那些層出不窮的緊急項目，像個陀螺般轉個不停，卻總是在原地踏步。

50％到60％的普通人會將幾乎所有的時間花費在第四象限上，這是最糟糕的情況。他們工作起來沒有主次，也不考慮目前的工作對自己是否有益，極其盲目。這一類人工作的自主性很差，效率更是低下，因此經常性地陷入被動的局面中。

徐勇剛剛升任部門經理的時候經常忙得一團糟。見他狼狽不堪的樣子，總經理告訴了他一個好辦法：利用四象限原理規劃時間。徐勇將信將疑，準備先照這個方法試試看。

一早，徐勇令助理將自己一天的工作規劃列了出來。他仔細觀察這些工作，心中默唸道：「查看報告、輔導下屬工作、審閱市場部交上來的調研報告、向總經理彙報工作、與小王談上個月的績效問題、處理顧客投訴、準備財務預算報告、準備面試應徵者……。」

接著，徐勇在規劃表上畫了一個簡易的四象限表格，慢

慢將這些工作理出了頭緒。第一象限：向總經理彙報工作、處理顧客投訴、準備財務預算報告。徐勇在後面標記著：重要工作，今天必須完成。第二象限：輔導下屬工作、準備面試應徵者、審閱市場部交上來的調研報告、與小王談上個月的績效問題。徐勇標記為：比較重要，但不是緊急事項，需要多花點心思處理。

最後，被劃分在第三象限和第四象限的都是一些例行性的工作事項，徐勇心想，這完全可以交給助理去解決。就這樣，徐勇按照這個方法試驗了一個禮拜後，頓感神清氣爽，以往的煩惱都一掃而空。

每個人都要根據自己的情況來合理安排時間。而四象限原理能幫助我們對時間的安排進行優化，提高效率，保證工作及生活的條理性，讓我們以更飽滿的精神面對生活和工作，徹底與「瞎忙一族」隔絕開來。

永遠比別人快一步

比爾蓋茲透過多年實踐，總結出一句名言：「永遠要比別人更快一步。」我們將人生當作一場賽跑，只有奮力奔跑，永遠快人一步，才能避免被淘汰、被「吞噬」的結局。

非洲的大草原上，當太陽跳出地平線，向大地揮灑萬丈光芒的時候，一隻羚羊突然從睡夢中驚醒。它向著太陽，疾

第二章　讓時間增值，就能改變人生

馳而去，腦中同時響起一個聲音：「快一點，再快一點！如果落在獅子身後，我就一定會被吃掉！」

正在這個時候，一隻獅子也猛然驚醒。它第一時間跑向太陽，一邊跑，一邊在心中默唸道：「趕快跑！如果比羚羊慢了一步，我就可能會被餓死！」

自然界中，向來是誰快誰就贏。而在人類社會中，誰快誰就能生存也是亙古不變的道理。

比爾蓋茲認為：「競爭的實質，就是在最短的時間內做最好的東西。」實際上，素質是「常量」，時間卻是「變數」。人人都可以透過努力，達到一流的素質；而賽道上的冠軍，卻往往只有一個。所以說，任何領先，說穿了都是時間的領先。

在時間比黃金還要昂貴的今天，誰能領先一步，誰就能獲得主動權。正如那句著名的圍棋口訣：「寧丟數子，不失一先。」失了「先手」，就得處處受人轄制。商場上，快人一步才能搶占先機。美國某大學曾以500家成熟企業作為研究對象，透過調研得知，第一家進入市場的企業獲得了最高的29%市場占有率；早期進入市場的企業平均市場占有率達到21%；剩下的那些慢人一步的企業的平均占有率是15%。

職場上，走在人先才能贏在人前。比別人早一步，才是向上晉升的第一步。如果你始終跟在別人身後奔跑，就永遠無法超越別人。這就需要你始終保持「引導者」的自主意識，堅決摒棄「跟隨者」的自我定位。一馬當先，努力開拓屬於你

的道路。

另外，職場機會稍縱即逝，如果你不去主動爭取，反而被動等待機會降臨，職場的路很快會被堵死。而比別人快一步的要訣是——保持靈敏的「嗅覺」，勇敢地抓住機會。

年輕時候的古川是日本一家公司的職員。一開始，他的主要工作是為上司起草文書、整理相關報告、資料等。那時候，古川對待工作很是盡職盡責，做起事來遠比別的同事高效快速。他很快便晉升了，但是他卻不滿足於此。

有一天，古川在報紙上看到一則專題報導，其中某段內容提到了美國的一種自動販賣機。這讓他眼前一亮。

原來，當時美國各地都在採用自動販賣機來販賣商品，它不需要專人看守，任何地方都能營業，這意味著它能24小時不間斷地為人們提供商品，大大方便了人們的生活。報導後面這樣寫道：「隨著時代進步，這種新型售貨方法會越來越普及，前途可謂一片光明。」

古川想到日本還沒有出現類似的項目，心中一陣激動。他想，如果能順利進入這項新行業，無異於走在所有民眾前面，這是個極大的機會。

古川立刻聯絡親戚朋友，在最短的時間裡籌到了30萬日元，並用這些錢購買了20臺售貨機，將它們分別散落在不同的公共場所中。他就此開始了自己的事業。

讓他喜出望外的是，無人售貨機為他帶來了大量的財富。當越來越多的人加入這一行業後，古川當機立斷，率先

投資成立工廠，研究製造新的自動販賣機。此後古川一路順風順水，成為日本知名的企業家。

速度是成功的助推器。縱觀成功人士的人生經歷，就會發現他們永遠比普通人更快一步。他們處於市場的最前沿，尋找新市場，從事新的投資。正如那句俗語所言：「一步趕不上，步步趕不上。起跑領先一小步，人生領先一大步。」

我們想要快人一步，就得凡事都想到別人前面、做在別人前面。大量致富例子都在告訴我們，從起步到成功，其實用不了多少時間。想得準做得穩，才是不二法門。

從這一點來說，成功人士們大多思維縝密、洞察力極強。從年輕的時候起，他們就很注重培養自己的超前意識，利用一切管道去開闊眼界、增長見識。這就注定他們一定會比普通人想得更深入、看得長遠。另外，他們往往有著雷厲風行的性格，凡事都會遵循「先下手為強」的原則。抓準時機果斷出擊，絕不拖泥帶水。這便是成功人士始終走在他人前面的主要原因。

遠離干擾，專注當下

每當你翻開一本書，想要好好讀書的時候，腦中總會蹦出一些不相干的畫面，莫名打斷你的思路；每當你甩開那

些無聊的念頭，嘗試著集中注意力的時候，手機鈴聲不合時宜地響起來，訊息裡的花花綠綠的新聞瞬間轉移了你的注意力。

於是，一小時過去了，兩小時過去了⋯⋯要看的書還停留在第一頁。不夠自律的人就是這樣，制定好的計畫一再拖延，彷彿永遠處於一種過度勞累的狀態中，怎麼也不會平衡生活與工作。這背後的原因在於，我們總是難以集中注意力。

心理學家解釋說，注意力的集中其實是一種特殊的素質和能力，完全可以透過後天的訓練來獲得。只有足夠的自律，才能順利排除過程中的干擾因素。

那麼，影響注意力集中的干擾因素主要來自哪裡呢？首先，現代社會是個資訊化時代，我們的周圍充滿了來自各種社群軟體、信箱及各種App發出的碎片化資訊。你不會拒絕這些訊息，缺少自律的能力，你的注意力很容易被撕扯得七零八碎，專注與深度便成為一紙空談。

其次，發生在大腦中的一場場無形而又激烈的「戰爭」也是注意力難以集中的原因之一。我們都有過這樣的感受：明明規定好要持續讀書三個小時。然而，在讀書的過程中，意志力稍一薄弱，注意力便瞬間潰散，不知不覺中，我們腦海裡已經上演了無數幕「小劇場」⋯⋯。

第二章　讓時間增值，就能改變人生

在這個過程中，你越是想極力壓制自己，拉回注意力，越是不得其法，往往將自己搞得筋疲力盡又灰心喪氣。之所以發生這樣的事情，可能是因為你對手頭的工作或所學的內容並不感興趣，處理好它們是個苦差事，所以較容易分心、走神。

也可能是因為你長久困於這種狀態中，早已忘了什麼才是真正的自律。《全神貫注：注意力和專注生活》一書的作者加拉格爾指出：「你才是自己頭腦的主人，注意力只是一個工具而已，你可以操控它。」只要掌握好方法，注意力作為效率工具便能為你所用。

你可以嘗試著為自己建立一片無干擾區。U.S.Cellular（美國蜂窩電話）、英特爾等著名企業已經嘗試推行「無電子郵件日」來為管理人員及員工減少很多不必要的干擾。

哈佛商學院的領導力學教授萊斯利·佩洛主導的一個名為「安靜時間段」的計畫則引起了新的社會潮流。此計畫規定，每天都要劃出特定的時間來阻絕所有干擾。

某一段時間裡，佩洛對一家軟體公司工程師的作息時間產生了興趣。這家公司的某位工程師是他的朋友，有一次，對方向他抱怨：「我們必須要上夜班，或者周末加班，否則實在難以在規定時間內開發出新產品。」

佩洛皺眉思索起來。經過一系列調查，佩洛發現，該公司的工程師工作過程中頻頻受到干擾，以至於他們不得不主

動加班去彌補工作進度。奇怪的是，每個人似乎都對這種「被打擾──難以集中注意力──進度延誤──趕工期」的工作模式習以為常。

佩洛找到公司負責人，提供了一份解決方案：將一天中的某個時間段劃為「無干擾工作時間」，比如說上午11點前，這一期間關掉手機、信箱，阻絕一切干擾。這個方案被實行一段時間後，所有工程師都回饋說他們的工作效率得到了前所未有的提升。

埋頭於各類社群媒體，津津樂道於各種碎片式的無意義的資訊是我們的常態，想要拯救自己的注意力，一定要嘗試劃出特定的「無干擾區」來學習、工作，將一切干擾隔絕在外。

你也可以進行適當的行為訓練，逐步提升意志力。所謂羅馬不是一日建成的，你的意志力也不可能一天之內達到夢想中的狀態。這就需要你在日常生活中，不斷對自己進行訓練。

史丹佛大學的博士克利福德・納斯（Clifford Nass）說，一旦大腦習慣了隨時分心，到了需要專注的時候，就很難擺脫這種陋習。「擁抱無聊」這種專注力訓練法能有效地改善這個情況。

生活中的我們，無論是在排隊的時候，還是坐地鐵上班期間，都習慣拿起手機閱覽訊息。這導致我們的注意力處於

第二章　讓時間增值，就能改變人生

長期分散的狀態中。所謂的「擁抱無聊」，是在引導我們放下智慧型手機，利用這些時間做一些深度思考，或者更有意義的事情。一開始，這對你而言可能很難。但不要因此而憂慮糾結，制定好計畫慢慢來。比如打開 App，進入設定裡面關閉訊息推送；把通訊軟體的訊息鈴聲設為靜音；盡量少在交友軟體上聊天。為什麼要這樣做呢？因為軟體的設計者們為了能讓消費者長時間使用他們開發的產品，會根據你每日點選的資訊，自動計算你喜歡的內容，然後後臺進行數據整理，了解到你的愛好，並每天推送你喜歡的資訊給你看。這時，你會受到這些資訊影響，分散注意力。久而久之，你做事的效率低下，難以自律。這時，你要排除干擾，讓自己專心做事，不受訊息干預；如果這些還不行，那就乾脆刪除這些 App。當你慢慢遠離這些時，你會發現你的專注力在不知不覺中得到了極大的提升。

另外，你要有意識地建立起自己的工作節奏。先估算自己完成手頭工作需要多長時間，為自己硬性設定截止時間。在這個過程中，一定不能不斷分心，不斷專注。哪怕這次失敗了，下次堅持得更久一點就是成功。慢慢地，你的專注力會越來越容易集中。

將時間用在刀刃上

　　時間對於任何人而言，都是無價之寶。在現實生活中，很多人無法自如地控制時間。非但不能利用時間為自己的人生增值，反而成為時間管理上的弱者，成為忙碌糟亂的生活奴隸。只有合理掌控時間，將每分每秒都用在刀刃上，你才能趕走腳下的一切障礙，從容不迫地走向未來。

　　夏銘的工作總是不能準時完成，下班後經常得加班。他今天絕對不能再加班了，上班途中暗下決心：「今天無論如何也得將辦公室的部門預算草擬出一份方案出來。」

　　他踩著上班鈴聲走進了辦公室。同事小何向他打招呼道：「老夏，你辦公室太髒了，很久沒打掃了吧？」

　　夏銘不好意思地撓撓頭，拿起掃帚和拖把，準備清理一下自己的辦公室。

　　他花了很多時間掃地拖地，整理辦公用品。中途又發現桌上的一沓檔案實在是太亂了，沒頭沒尾地堆在一起。夏銘心想：「難怪我之前工作效率這麼差，想要找的檔案老是找不到，這得趕緊整理好。」

　　這可是個大工程，他一一把檔案分類，足足整理了三個小時，才收拾乾淨。夏銘看著煥然一新的辦公桌，長舒一口氣。之後皺著眉想：「還有一下午的時間，方案無論如何也得趕完。」

第二章　讓時間增值，就能改變人生

　　結果到了下午的時候，小何在工作中遇到難題，趕緊找夏銘來幫忙。夏銘花了一個多小時才幫他解決了問題。夏銘焦慮地看了看時間，趕緊投入工作中，剛將方案寫出了個開頭，電話鈴聲響了，原來是一位顧客打來的寒暄電話。

　　他硬著頭皮陪對方聊下去。二十分鐘後，夏銘嘆了口氣，放下電話。別的同事正聚在一起討論著什麼，小何大力邀請他加入。夏銘很是猶豫，他想：「這時候是增進同事感情的最佳時機，還能了解他們的工作進度和狀態，我得加入他們。」於是他放下工作，和同事們一起討論起來。慢慢就到了下班時間，夏銘看著電腦上寫了一半的方案，嘆氣道：「今晚又得加班到深夜了⋯⋯。」

　　是什麼造成夏銘的煩惱？最大的原因在於：他永遠在將時間花費在無謂的事情上，卻不懂得最大化地利用時間。

　　儘管做著同樣的工作，有的人兢兢業業、勤勤懇懇，終其一生也難以獲得更大的成就；另一些人卻始終在有限的時間裡發揮自己最大的實力，以便直線到達目的地。

　　無論是前者還是後者，似乎都很自律。區別在於，後者是時間管理的高手，他們的自律顯得更聰明、更有意義，更容易幫助他們獲得成功。

　　何為時間管理？時間管理的核心意義是在一段時間裡進行有效的自我控制。這是一套行之有效的方法、縝密清晰的系統。掌握時間管理技能，能讓我們最大限度地「壓榨」目前

所擁有的時間。

惠普公司的前任總裁格拉特認為，時間管理法則的重點在於：永遠將它用在刀口上。他每天花費35%的時間用來處理各種重要會議；再花20%的時間與客戶協商、溝通；通電話、看檔案各自耗費掉將近10%及5%的時間。

將這些事情處理完畢後，格拉特會自由分配剩下的時間。有時候，他將它運用在記者採訪上，或者一些諮詢活動上。更多時候，他會預留出這些時間用以處理突發事件。

這就是那些傑出人士和普通人的區別，他們明明擁有同樣的時間，有時候甚至同樣認真，最終卻走上了天差地別的人生道路。最大的原因在於，他們知道如何才能將時間用在刀口上。

可怕的是，生活中的大部分人不但對時間管理概念模糊，還缺少那種認真、專一的勁頭。想要把時間花在刀口上，一定要對干擾因素說「不」。無論是在讀書還是工作中，迎接我們的，肯定包括大量細碎煩瑣的資訊。除此之外，你還得面對外界更多誘惑的侵擾。而且，有時候身邊的人會試圖占用你的時間、強制性地打亂你的節奏，這些都是干擾因素。

面對不必要的活動，請你一定要學會說「不」。面對那些能分散你注意力的誘惑，更要堅定地拒絕。讓你的目光始終

第二章　讓時間增值，就能改變人生

緊盯在那些最重要的事情上，不要在無謂的事情上浪費精力。

比如說，有些職場新人受到「人際論」的誤導後，會特意花時間和不熟悉的人相處，耗盡心力去維持一些繁雜的人際。而聰明人卻懂得拒絕這些，他們會精簡人際，讓社交生活顯得更簡單而專注。面對別人的打擾，必要的時候，他們會當機立斷地關掉手機。

記住，如果工作才能讓你獲得出人頭地的機會，那就在工作上花費最多的時間，而不要一而再再而三地嘗試無用社交。更不要左右搖擺、三心二意，被吃喝玩樂式的誘惑奪去注意力。

對抗拖延症的的正確策略

時間管理最大的問題莫過於拖延症。因為拖延，很多原本能按部就班地完成的企劃被我們拖成了緊急企劃，很多可以立即處理的事情被拖到了最後一秒才開始進行。

威廉・莎士比亞（William Shakespeare）說：「我以前荒廢了時間，現在時間也把我荒廢了。」時間不等人，一次次拖延，換來的是一次次熬夜，導致白天瞌睡連天，和逃不脫的循環惡性循環。不想被時間甩在身後，就該拿起「武器」，勇敢地向拖延症宣戰。

馬薇是個名副其實的「拖延王」。她每天一到公司打開電腦，總是第一時間登錄社群軟體，與狐朋狗友們笑嘻嘻地聊幾句，再漫不經心地逛逛論壇、看看八卦，上午的幾個小時便飛快地過去了。

到了下午，眼看一天的工作任務堆得像座小山，馬薇這才慌了起來。她沒有立即投入工作，反而先慢悠悠地泡了壺茶，看了會兒新聞，美其名曰「放鬆身心，找準工作狀態」。

別看馬薇悠悠閒閒地喝著茶逛著社群，隨著時間一分一秒地過去，她心裡卻煎熬不已。在無限的糾結中，馬薇終於打開PPT，正式開始了一天的工作。

工作的過程中，馬薇還是不夠專心，一會兒和同事聊聊天，一會兒低頭看看手機，工作還沒完成一小半，下班的時間到了。那些沒完成的工作沉甸甸地積壓在心裡，她也沒心思去玩，只好匆匆趕回家，點好了外送，心想，看一集連續劇放鬆放鬆。誰知到晚上9點，馬薇才打開電腦。她埋頭直忙到凌晨，才勉強完成了第二天要交的各類文案……。

我們為什麼會拖延？以職場拖延行為為例，稍作分析，便可對拖延心理產生的原因窺知一二。上例中的主角馬薇逃不出拖延的惡性循環，便一直混在基層職位上，三天打魚兩天晒網，眼看自己年齡越來越大，卻晉升無望。

根據一家人力網站的調查數據顯示，可知八成以上的職場人都受困於拖延症的影響。其中有很大一部分人會頂著上司連聲的抱怨和催促，在戰戰兢兢的心境中「心不安理不得」

第二章　讓時間增值，就能改變人生

地拖延著，每次都趕在截止日期的前一夜挑燈奮戰，不眠不休，最後只能勉勉強強完成計畫。

可是倉促趕出來的方案與策劃，在上司那兒難以交差外，也難以讓自己滿意。他們反覆重複著這樣一個模式：工作太難，不行得先放一放，順一順思路再開工；工作簡單，那就更得先放一放，喝杯茶逛逛社群網路、打個遊戲再說。

在有限的上班時間裡，「拖延王」們一再放棄工作，而去選擇休閒和娛樂，這是因為工作的誘惑力相對於後者來說實在是太低。

選擇休閒、娛樂，讓我們即刻從繁重的工作壓力中解脫，感受到愉悅和快樂，它的回報立竿見影。選擇立刻著手展開工作，當下只能一心一意，全身心投入進去，它的回報卻需要一定的時間才能被我們享受到。

所以說，努力工作雖然是正確的選擇，當下的誘惑力卻不如那錯誤的選擇強。當心裡那隻拖延小惡魔不停地在你耳邊叫囂「去和朋友聊聊天吧，工作等會兒再做也來得及」的時候，你很難保證自己能抵抗住這份誘惑，最後只能繳械投降，又一次做了拖延的奴隸。

職場白領想要戰「拖」成功，第一步試著將努力工作產生的回報具象化。在你又一次想要偷懶的時候，不妨閉上眼

睛,想一想那些激動人心的時刻。比如說,準時完成工作任務的話,你就不用熬夜,還可以享受一整晚的悠閒心情;你會在第二天的會議上脫穎而出,受到上司久違的讚揚;你甚至會升職加薪,走上人生巔峰⋯⋯反之,如果這一刻你又一次拖延了你會獲得什麼?嘔心瀝血、奮筆疾書到深夜;上司的雷霆暴怒;被裁員後流落街頭⋯⋯。

盡情地想像吧,你想得越具體,越不容易去拖延。這些想像將激發你的上進心,與那些激動人心的時刻比起來,玩遊戲聊八卦顯得那麼膚淺空洞,純粹是在浪費人生。

之後,請為自己做一份計畫表,將這一天的工作任務仔細標好,分清楚輕重緩急,並逐一完成。如果你是因為職業倦怠或者缺乏自信而屢屢陷入拖延惡性循環的話,不妨試著從最簡單的部分開始,一點點去完成,慢慢適應工作的節奏,慢慢提升自信與個人成就感。這樣,不知不覺間,你便已經完成了大半的工作。

最後,你需要認清的是,萬事開頭難。你是不是無數次想要開始,又無數次找藉口推遲?這事其實沒那麼難,現在就打開你的電腦,什麼也別想,直截了當地投入工作吧。戰「拖」記由此開始,拖延症由你結束。

第二章　讓時間增值，就能改變人生

二八法則，關鍵的 20%

很多人喜歡把「我沒有時間」掛在嘴邊，這實際上是個蹩腳的藉口。只因時間對於每個人而言都是公平的，你的一天永遠只有 24 個小時。當別人能將時間安排得從容緊迫、有條不紊的時候，問問自己：「為什麼只有我沒有時間？」

有沒有時間，都是你自己選擇的結果。沒有堅定的意志，不夠自律，是你失敗的主因。其實，只要牢記「二八法則」，把握住關鍵的 20%，所有問題都將迎刃而解。

美國有句俗語：「美國人的金錢裝在猶太人的口袋裡。」只因猶太人經商向來遵循「二八定律」，這是他們的生存與發展之道。

美國企業家威廉‧穆爾（William Moore）曾與格利登公司有過一次合作。靠著為對方公司銷售油漆，他第一個月賺到了 160 美元。這報酬少得可憐，與付出根本不成正比。穆爾失望至極。

偶然情況下，猶太人經商的某項法則引起了他的注意——永遠將最多的時間集中於那 20% 的最重要的客戶上。穆爾對照著自己的銷售圖表，做了一番分析後，突然醍醐灌頂。

他發現，他大部分的收益確實來自 20% 的客戶，餘下的 80% 的客戶卻沒有為他帶來更多好處。而過去，他卻會在每

一位客戶上都花費同樣的時間，這無疑是走上了一條彎路。

穆爾根據「二八法則」做出了調整，他將自己所有的客戶姓名列在一張表上，標出其中20%的重要客戶。之後，穆爾集中精力，幾乎將所有的時間都傾注到那20%重要客戶的身上，這樣做收效明顯。不到一個月的時間裡，他就賺到了1,000美元。此後的九年時間裡，穆爾一直遵循這一法則行事，終於創下了一番事業。

對「二八法則」毫無概念的人總認為抓緊時間把所有事情做完是時間管理的實質，這實際上是走入了某種認知偏差之中。「二八法則」實際上是在告訴我們：你要決定什麼事情該做、什麼事情不該做，這才是時間管理的目的。

「二八法則」由經濟學家維爾弗雷多・帕雷托（Vilfredo Pareto）提出，他在研究義大利經濟形勢的時候發現，20%的人口佔有80%的土地，20%的植株產出了80%的豌豆。帕雷托立即想到：原來能夠產生大部分效果的往往是少數派，控制重要的少數因子便可控制全域性。

這個研究成果後被應用到時間管理上，逐漸形成「二八時間法則」，它帶給我們的啟示是：工作中，應避免將時間花費在普遍而又瑣碎的多數問題上，提綱挈領、關注重點，抓住事物的主要矛盾，便可達到事半功倍的效果。

現實生活中，普通人所做的絕大部分事情都是低價值的，真正關鍵的那20%的事情，卻被我們含糊帶過，淹沒在

第二章　讓時間增值，就能改變人生

密密麻麻的行程表中。

比如說，如果你的本職工作是文案編輯，你卻傾注了80％的精力去提升自己業務談判的技能，這一定會引來老闆的痛罵。如果你人生的80％的時間都這樣迷糊度過，你絕不可能有機會加入20％的優秀菁英的行列之中。

「二八法則」若應用到日常生活中，應該遵循以下步驟來進行——首先，明確每天最重要的一件或兩件事，在日程表上將它們重點標示出來。將一天中的大部分時間都應用於這些主要問題的解決上，確保能順利完成任務。需要注意的是，部分人可能會無法取捨，認為很多事情同等重要。這就需要你根據自身情況，嚴格遵循「不定太多工，任務一定完成」原則，做下明確的判斷。

其次，制定「一週關注計畫」。我們可將每一週都視為一整個循環週期，重點關注任務完成情況，效果好的，宣布循環完成，效果不好，再持續進行下去。

最後，一定不要忘了撰寫工作日誌，記錄下每天具體的時間運用情況。這份日誌有很多作用，它促使我們反思，亦推動了之後的改進計畫。

時間管理實際上是服務於個人管理的。若將「二八時間法則」運用到人生道路的規劃上，則必須牢記以下原則：

首先，弄清楚目前生活的主要矛盾是什麼。進行到這一

步的時候，自我審視是必要的。如果提升工作技能是現階段最重要的事，那麼不妨將大部分時間和精力投入在這上面。如果拓寬事業道路對你而言最為重要，那麼大膽地放開眼界，努力走出舒適圈。

其次，弄清矛盾的主要方面是什麼。比如說，你想學習某項專業技能，為自己的人生增值。編劇技巧、人際溝通技巧、演講技能、攝影知識等都在你感興趣的範圍內，那麼先學哪個？重點學哪個？抓住了矛盾的主要方面，你的問題便迎刃而解。

勤奮不等於高效

很多職場白領在總結工作經驗的時候，詫異道：「我每天加班工作，總是奔波在出差的路上，幾乎所有的假日都獻給了公司，為什麼始終進步幅度不大呢？」

很多大學生也曾有過這樣的疑惑：「我上課認真做筆記，下課泡在圖書館，為什麼成績始終不如那些從不看書的同學呢？」

如果你也有類似的想法，不用懷疑，你一定是掉入了「勤奮式懶惰」的陷阱中。記住，不是所有的勤奮努力都能得到預期中的回報。失去效率的勤奮比懶惰還要可怕得多。

第二章　讓時間增值，就能改變人生

　　王奮剛剛工作就經歷了一件對他有著很大的啟發的事情。那一次，公司安排員工去旅遊。老闆將購買火車票的任務交給了王奮，並提醒他說最好在一天之內辦成這件事。

　　王奮急匆匆趕去火車站，只見售票室裡的隊伍排成了長龍。他焦急地排在隊伍末尾，一直朝前眺望。足足等了好幾個小時，才輪到了他。誰知這時候售票員卻面無表情地通知王奮，他購買的那一班次的火車票早已售罄。

　　王奮一聽，只得垂頭喪氣地趕回了公司，向老闆彙報說：「現在正是出遊尖峰期，我們要買的火車票早就賣光了。」老闆聽了沒說話，將吳奇叫進了辦公室，將購買火車票的任務重新交給了他。吳奇回到位置後，拿出手機一查，發現該班次的火車票早已銷售一空。

　　他沒有急著向老闆彙報情況，而是透過各種管道收集到各種資料後，再次走進了老闆的辦公室。只聽他說道：「火車票雖已售光，但我聯繫了火車站的其他人員，可以買到黃牛票，只是價格稍貴。我們可以採取搭乘火車再轉車的方式，或者直接搭乘大巴。我建議選擇後者，因為前者會延遲到達的時間。」老闆聽了，滿意地點點頭。站在一旁的王奮傻了眼……。

　　沒有效率的勤奮堪稱最笨的努力。效率才是勤奮的首要目標，而非時間。如果你只拿投入時間的長短來衡量自己是否勤奮，無疑是中了「假努力」的圈套。

　　很多人熱衷於向周圍人「表演」自己的勤奮，一方面是因

為我們身處一種社會輿論壓力中──只有長時間學習，才算勤奮、了不起。從另一方面來說，我們實際上是在用這種表面上的忙碌狀態來代替深度思考，同時用這種方式緩解內心的焦慮。

因此，學生哪怕坐在自習室裡昏昏欲睡，只要撐足了時間就心安理得。白領們永遠奔赴在去辦公室、各種培訓班的路上，將自己的時間安排得滿滿的，就以為自己已足夠努力。

實際上，這所謂的「勤奮」只不過是自己的一廂情願罷了。成功的關鍵不在於你勤奮與否，而在於你勤奮的結果。沒有效率，你的勤奮就成了一紙空談。

很多小型創業公司完成的那些創舉令很多大企業都望塵莫及。Facebook 就曾花費 10 億美元的巨資收購了 Instagram，而後者僅僅擁有 13 名員工。絕大部分原因在於 Instagram 是一家關係緊密、運轉高速、成員分工明確而高效的公司。

Instagram 的員工並不是傳統意義上那種忙得團團轉的「標準員工」，相反，他們的工作時間極其自由。Instagram 的總裁曾總結道：忙碌不一定等於高效。

那麼，怎樣做才能帶給你真正的勤奮呢？首先，將有效時間和有效精力真正匹配起來。不管是工作還是讀書，想要

第二章　讓時間增值，就能改變人生

達到超高效率，一定要對自己的最佳狀態有充分的了解。如果早上上班的時候，你的精力比較好，就充分利用那幾個小時去集中處理手頭最重要的工作。如果午睡後你精神較佳，就利用這段時間來看書學習，提升自己。找到自己的巔峰狀態，就能用更少的時間達到更好的效果。

其次，避免做重複的工作、避免犯重複的錯。很多人終日忙來忙去，其實忙的都是一件事情。他們永遠會被同一件事絆住腳步，在同一個問題上犯錯，時間就這樣悄悄溜走⋯⋯所謂吃一塹，長一智。做任何事之前，心中都要有計畫、有條理，不要盲目去做。

完成一件事情後，也要及時總結、反思相關經驗。這都是避免重複工作的竅門。最後，很多人總以忙碌為藉口，認為自己已經足夠努力，卻忘了時間是可以高度拉伸的。你若能如下列故事中一般像對待「壞掉的熱水器」一樣對待工作，就能得到很多富餘的時間。

曾有人花了 1,001 天做了一個企劃，企劃主角是一些行程忙碌的女人。其中一個女人在某週三下班的時候突然發現家中的熱水器故障了，弄得地下室都是水。

那天晚上，她花了一個小時清理水跡。到了第二天，之前聯繫好的清理工來到家中，幫她修好了熱水器。第三天，女人特意請專業人士來家中幫她清潔地毯⋯⋯企劃案主導者

發現，那一週，女人一共花了七個小時的時間將這件事處理完畢。

他不由得感慨道：「如果一週之前你問這位女士：『你有七個小時的空閒時間嗎？』她一定會回答說：『你瘋了嗎，看看我的日程表，你沒看到我有多忙嗎？』」

當我們感到自己的付出與努力不成正比的時候，先問問自己：「你真的努力了嗎？你珍惜時間了嗎？」

我們的努力不是做給別人看的，關心別人的評價不如將全部的精力投入眼前的工作上，切切實實地提高效率，永遠不要在同樣的錯誤裡打轉。

在正確的時間，做正確的事

工作前該做哪些準備？執行工作任務的過程中，應保持怎樣的狀態？完成任務後，怎麼復盤總結？這三個問題烘托出了時間管理的另一層意義：在對的時間做對的事。

可是現實生活中，大部分人並不知道「正確的時間」意味著什麼，也搞不清楚哪些事情能被稱得上是「正確的事」。解決這個問題前，不妨全面審視自己的生活與工作，理出重點，加深對「正確時間做正確事情」的認知。

首先我們先來分析一下日常工作開始前的那段時間裡，

應該做的準備有哪些：一、提前來到辦公室，及時整理辦公桌，做好當天的準備工作。很多人都有這樣的經驗：氣喘吁吁地趕往辦公室打卡，等回到工位上時，至少還得花費半小時的時間才能真正平靜下來。如果遲遲不能進入狀態，一個上午的時間都會被白白耗費掉。這就是在正確的時間裡做了錯誤的事的典型案例。

與其這樣，還不如早半小時起床，從容不迫地來到辦公室，花二十分鐘的時間整理桌面、煮咖啡、泡茶、打開電腦登入各種通訊軟體。等到一切準備完畢後，再以飽滿的精神投入工作中，這是為一天的高效工作開了個好頭。

二、整理日清單手帳本，縱覽一週工作流程，做到心中有數。尤其在週一的時候，一定要將一週的工作安排整個梳理一遍。只要多花幾分鐘的時間，就可以獲得很多資訊：哪天比較忙、哪天有空閒時間可以應對臨時任務……。

其次，我們來分析一下工作過程中，應該注意哪些問題：一、接到任務後，先「審題」，別急著開始工作，這樣反而能提升效率。

在剛剛接到工作任務的那個時間段裡，有的人習慣馬上開始展開工作。實際上，這種爭分奪秒的狀態對之後的執行過程反而會產生壞的影響。企劃案開始前，先「審題」，確保自己不會出現理解偏差的情況。同時透過口頭詢問、郵件或

者會議的方式去了解企劃案的背景,及各方面資訊,加深印象。之後,必須查閱大量數據,做分析、比對、提煉、總結等工作,確定執行方案或者大致的流程框架,再著手進行。

二、執行任務的過程中,有條不紊地應對每一個環節,並保持專注。在你真正開始執行任務的那一刻起,必須集中精神,並確保自己能夠在規定的時間段保持高度的注意力。這不是一件容易的事情,因為很多突發情況都是你事先無法預料得到的。比如說,你可能會被各種通訊軟體或者突如其來的會議打斷思路。

為了將負面影響降至最低,我們可根據現實情況,靈活調整企劃案進度。或者設置「工作一小時,休息五分鐘」模式,這對長時間保持工作熱情有很大的幫助。

最後,完成工作後,回想曾經的工作經歷,做好復盤總結。大家在完成一個企劃案後,恨不得立刻去慶祝。如果這時候讓你回過頭來,依據每日的工作歷程逐一總結經驗,恐怕你是極其不樂意的。但事實是,這個時間段裡,你最應該做的事情不是慶祝,而是復盤總結,少了這一環節,便稱不上圓滿完成了工作。

縱覽整個企劃案過程,回想一下自己做得不到位的地方在哪裡、哪個環節的結果令你比較滿意,找出失敗的原因、提煉成功的規律,這是自我提升的最好機會。另外,別忘了

第二章　讓時間增值，就能改變人生

　　及時整理企劃案執行過程中留下的諸多資料，建立一系列資料夾，分門別類地儲存。

　　同樣，一天工作結束後，也得有個總結、分析的過程，養成了這個好習慣後，你的進步將肉眼可見。

　　人們常說：「要在該做事的時候做事，該休息的時候休息。」這是「在對的時間做對的事」的另一層含義。除了工作日程外，對空閒時間的規劃也很重要。

　　首先要保證足夠的休息。無論平日工作有多繁忙，也不能將休息時間挪用在工作上，這樣反而會拖累你的工作效率。該休息的時候就休息，注意勞逸結合，始終保持充沛的精力。

　　其次，留出部分空閒時間去學習。加強為腦袋「投資」，增強自我競爭力，才能為未來多增加一點籌碼。

　　周曉媛畢業後，順利通過一家知名公司的面試，剛剛入職三個月，她出眾的工作能力就讓大家對她刮目相看。

　　每一天，曉媛都會早早來到辦公室，將辦公桌打掃得乾乾淨淨，並將各類檔案報表按序號擺放得整整齊齊。她有一本手帳本，專門用來記錄每日和每週的工作計畫，上面用紅筆標示好了重點。

　　上班這幾個月來，曉媛一直保持著穩定的工作節奏。她幾乎每一天都會按照計畫表去逐一完成分內的工作。每天下

班前,曉媛還會專門空出時間來清理電腦桌面、整理資料、撰寫工作小結。

下班後,她一邊給自己足夠的時間去放鬆身心,一邊劃出部分時間去充電學習。到了晚上11點,曉媛一定會準時睡覺,確保第二天能精神飽滿地面對新的挑戰。

曉媛保持著這樣的工作狀態,不到半年便被破格提拔。到了年底,她作為「優秀員工」代表,發表感言時稱:「我唯一的心得是:在正確的時間做正確的事,一切困難將迎刃而解,每一天都能過得很充實。」

是的,成功哪有捷徑?能在對的時間裡做對的事,把每一天都安排得井井有條,長期堅持下來,你就會獲得巨大的成長,離成功越來越近。

第二章　讓時間增值，就能改變人生

第三章

規劃人生，改變生命的精采度

第三章　規劃人生，改變生命的精采度

人生之船的方向需要有規劃

　　為什麼我們行事之前必須要制定計畫？它能帶來哪些好處？實際上，計畫是行動的航行燈。一份周詳縝密的計畫能夠促進事態發展，幫助我們掌控人生命運。

　　計畫又像一座橋，將我們的立身之地與預期的未來緊密聯結起來。少了計畫的助力，目標的實現成了一句空話，人生也變得雜亂無章起來。曾有人這樣說道：「沒有人計劃失敗，但失敗總是在追隨著沒有計畫的人。」

　　謝亮和範江相約一起畢業旅行，出發前一天，他們在宿舍裡商討了很久，都沒有討論出一個結果。謝亮不耐煩道：「我們為什麼不計劃好了再一起出去呢？這不是浪費時間嗎？」

　　範江無所謂道：「難道你每一件事都計劃好了才去做嗎？這是不可能的，你不知道計畫趕不上變化嗎？在我看來，充滿計畫的人生是很無聊的。」

　　謝亮皺眉想了一會兒，說：「這樣吧，前三天我聽你的，後三天你得按照我的計畫來。」

　　範江同意了謝亮的提議。第二天，兩人背著背包出發了。他們坐著火車來到了一座城市，下車的時候已經是深夜11點。當時天正好下起雨來，兩人瑟縮在街頭，叫不到計程車，也找不到可以歇宿的旅館。

　　謝亮埋怨道：「按照我的計畫，早訂好了車和飯店，哪

人生之船的方向需要有規劃

有這麼多麻煩事啊?」範江沒說話,心裡有點後悔。那三天裡,謝亮和範江處處碰壁,沒吃好也沒玩好。到了第四天,謝亮拿出一份密密麻麻的攻略,帶著範江直奔當地最有特色的美食街道,兩人飽餐一頓。下午他們依次逛了旅遊景點,玩得很開心。

接下來的三天都過得很充實,範江讚嘆道:「老謝,看來還是你的計畫發揮作用了,隨便逛確實不行。」

謝亮正色道:「那當然,我做任何事情都是有計畫、有目的的,這能讓我們的人生變得更加高效簡潔。」

《禮記·中庸》中說:「凡事豫則立,不豫則廢。」說的也是計畫的重要性。首先,工作之前制定合理的計畫,能夠幫助我們提高工作效率。

如果你行事之前毫無計畫,不清楚目標是什麼,也不知道下一步該去向哪裡,就會被各種突發事件牽著鼻子走。當你疲於奔命,收效卻不明顯的時候,你的自信心無疑會受到損傷,行動力也會因此而變得遲緩,最後只能糊里糊塗應付了事。

若事先設定了一份詳密的計畫,情況就大大不同了。根據計畫,你知道什麼時候該做什麼事、每一階段該呈現出怎樣的狀態、發生了突發情況,又該如何去應對。計畫好了行動的時間和目標、執行的方法和步驟,便能做到遊刃有餘、有的放矢。

其次,人生路上制定清晰明確的計畫,能夠幫助我們提

第三章　規劃人生，改變生命的精采度

高成功的機率。對前行道路毫無規劃的人，往往只能隨波逐流，像浮萍一般漂到哪裡是哪裡。

反之，那些早早地便對自我人生有清晰的定位、明確的規劃的人，卻能像大樹一般穩穩地紮下根來，沐浴著陽光，向上蓬勃生長，讓時間將自己鍛造成棟梁之材。

後者無論做什麼、身處什麼樣的位置，始終保持著敏銳的觀察力。他們能夠站在不同的角度看待這個世界，能發掘出常人難以察覺的細節，成功的機率比普通人要多得多。

那麼，制定計畫的過程中需要注意什麼？首先，計畫一定要周密、詳細、具體。一個長期的、遠大的目標必須搭配一份或數份詳細的、具體的執行方案。你的計畫若能兼顧每一步的小目標，便能大大降低實施過程中的溝通成本和各種干擾因素。反之，計畫大而空，只會讓行動的人摸不著頭腦，白白浪費時間和精力。

需要注意的是，即使是一些小的工作企劃案，制定計畫的時候也不能太大意，一些必要的細節也不能忽略。

其次，一定要確保計畫是可以被實現的、可操作的。實際上，製作計畫是你到達終點之前必須經過的歷程。如果這份計畫實施起來晦澀艱難，都是一些不切實際的步驟，你如何才能到達目的地？不具操作性的計畫便只能形如空文，毫無意義。所以說，目標可以高遠，但計畫一定不能遠離「地

氣」。最為關鍵的是，一定要設定好行動的第一步。很多人敗就敗在了第一步上。第一步不好著手，只會讓人舉棋不定，始終無法勇敢地踏上征途。可是不邁出第一步，這份計畫就只能作廢。最後，計畫必須遵循靈活性原則。有的人制定好一份計畫後，便一絲不苟、一步不差地依據計畫來進行。殊不知目標可以隨時調整，計畫也能依據現實情況隨時做出更改。只因執行過程中，可能會發生各種未知情況，不必拘泥僵化。

法蘭西斯・培根（Francis Bacon）說，做人要有計畫，人生才有方向。計畫是先人一步的保障。想要將自己培養成出類拔萃的人才，絕不能忽視計畫的重要性。有人認為花時間制定計畫太麻煩了，占用了工作時間；還有人說，凡事都做計畫，人生就少了驚喜。實際上，驚喜通常與驚嚇並肩前行。計畫的意義正在於行動之前那個思考、溝通、權衡、交流、傾聽的過程，它能大大提高你的行動力，讓你的人生最大限度地隔絕於意外之外，始終穩步前行。

細化目標是成功的起點

有句老話叫做「望山跑死馬」。目標過於遙遠、龐大，會讓人心生畏懼。當你行走在崎嶇山道之上，那高不可攀的山頂似乎離你越來越遠，你越是失落沮喪，心中放棄的念頭便

第三章　規劃人生，改變生命的精采度

越是強烈。想要解決這個問題，先得學會分解目標。

將「目標大山」分解成一段段短路途，目標便被化整為零、化難為簡了。當下，你只需集中精力，走完腳下這一段略為輕鬆的旅程。當一個個小目標被順利攻克，我們心中的自豪感自然會與日俱增。這能讓我們始終保持心無旁騖的狀態，全力以赴地去奮鬥。

古印度人會在原始森林裡放上一張張特製的桌子，專門等待著猴子「上門」。這些桌子兩邊的抽屜裡都會被塞入鮮美肥碩的果實，這是吸引猴子的誘餌。

特殊之處在於，桌子的抽屜縫留得很小。一旦猴子尋味而來，將爪子伸進抽屜裡取果子的時候，果子卻會被牢牢卡住，怎麼也取不出來。

一些猴子很貪婪，死活不肯放棄那鮮美的果子，於是它們往往會成為獵人的勝利品。有一天，又有一隻猴子探頭探腦地向那張桌子靠近，它嗅著抽屜，終於忍不住將手臂伸了進去。可是因抽屜縫太小，它不出意外地被卡住了。

猴子沒有死心，它滴溜溜地轉著眼珠，將另一隻爪子也塞了進去。不一會兒，一個又大又圓的果子被它用尖利的指甲削成了一塊塊果肉。它捧著那堆果肉，有滋有味地嚼了起來。抽屜裡剩下的果子都被它用這種方法吃光了。吃飽後，猴子摸摸肚皮，跳上樹幹，消失在森林裡⋯⋯。

如果你不知道如何才能突破困境，不妨向故事中的小猴

子學習，將宏大的夢想分解成一個個小目標，一步步去實現它們，慢慢靠近預期中的目的地。所謂千里之行，始於足下，無數小目標的實現最終會累積成夢想中的成功。

1984年，在東京國際馬拉松邀請賽中，日本選手山田本一靠著目標分解法，一舉奪得當年的世界冠軍。

他將沿途醒目的標誌當成一個個階段性的目標，比賽哨聲一響，他立刻以百公尺衝刺的速度向第一個目標奔去，然後是第二個、第三個……隨著一個個小目標被順利攻克，他也變得越發自信強大、堅不可摧。就這樣，憑著目標分解的智慧，山田本一打敗了一個又一個對手。

將人生當成一場馬拉松比賽，很多人根本無力跑完全程。不是因為他們體力有多弱、能力有多差，而是因為這長時間的鏖戰早已消除掉他們的鬥志。

一些人見成功始終遙遙無期，慢慢便會失去耐力和信心。可是若能用「分級火箭」思維來引導自己前進，難題便豁然開朗。將火箭分成若干級，當第一級推送其他級至大氣層的時候，便自動脫落以減輕重量，依靠這樣的方法，再重的火箭都能被成功送往月球。

同理，將長期目標分解成一個個中期目標；將中期目標分解成觸手可及的短期目標；將短期目標分解成每一天的具體任務，再集中精力去實現它們，一切都能迎刃而解。

第三章　規劃人生，改變生命的精采度

美國財務顧問協會的前總裁路易斯・沃克（Louis walker）的一次記者訪談會讓人印象深刻。面對記者喋喋不休的追問，沃克突然反問道：「你的目標是什麼？」

記者愣了，結結巴巴地回答道：「嗯……我想也許有一天我可以擁有一間漂亮的房子，坐落在某座風景優美的山上。」

沃克聳聳肩說：「我想你很難實現這個目標了。」

記者有點不服氣：「為什麼？」

「不懂得將目標分解通常是人們失敗的原因。」沃克進一步解釋道，「你的目標太大，應該將它分解成階段性的計畫，一步步去靠近它，這樣終有一天你能夠實現它。」

記者起了興趣，追問道：「那我該怎麼做呢？」

沃克說：「這就要問你自己了，你希望定居在哪座山上？你夢想中的房子大概價位是多少？將你的目標明確為一個個具體的任務。」

沃克眨眨眼，說：「你需要做好收支計畫，開源節流，規定自己每天節省多少錢、每個月需要存多少錢、每年需要存多少錢。這樣你才能以最快的速度實現自己的目標。」

大到人生目標，小到工作目標，實現的核心都在於：將其細化到每天的行為中，確保每天都能進步一點點。

撐竿跳高王子謝爾蓋・納扎羅維奇・布卡（Sergey Bubka）每次為自己設定的目標都是一公分，他的記錄是一公分

一公分升高的。

　　目標不應被鎖定，你要盡可能地細分下去，找準一個焦點，確保自己每天都能向前進步一點，及時感受到成功的喜悅，如此一來，你的生活會變得越來越有節奏、有秩序，越來越充實。不知不覺中，你已經創下了傲人的功績。

想實現目標，就需要有自制力

　　目標為什麼老是實現不了？原因很簡單，就是因為每次需要努力的時候你卻懶散拖延，缺少自制力。這種情況若長期無法改善，你便始終被困在紛至沓來的緊急事務中無法脫身，再也沒有時間和精力去規劃未來的道路，而一切成長性計畫都成了空談。

　　人人都不缺乏實現目標的熱情，可是若無自制力的加持，這熱情卻很難延續下去。從這一方面來說，自律其實是一種自我管理的能力，或者說，是一種「延遲滿足」的能力。著名的「史丹佛棉花糖實驗」（Stanford Marshmallow Experiment）正證明了這樣的道理。

　　1972 年，心理學家沃爾特・米歇爾（Walter Mischel）與其他研究者合作，做了一個別出心裁的實驗。他們從不同的幼稚園裡隨機找來幾百名小朋友，讓他們單獨待在一間小房間裡。

第三章　規劃人生，改變生命的精采度

　　房間裡空蕩蕩的，沒有其他人，牆角的桌子上放著一盤棉花糖。這對那個年代的小孩來說是一種巨大的誘惑。研究人員分別帶著孩子來到他們自己的房間，每次離開前，都會囑咐孩子們說：「我需要先離開一下，棉花糖是送給你的禮物，你可以把它吃掉……。」

　　說到這裡，幾乎每一個小朋友臉上都露出驚喜的表情。研究人員頓了頓，繼續說道：「如果你能等到我回來的時候再吃，我會給你更多的棉花糖作為獎勵哦。」研究人員一走，孩子們都明顯地鬆了一口氣。透過攝影機，沃爾特·米歇爾發現，不同的小朋友做出了不同的選擇。有的小朋友立即拿起桌子上的棉花糖，撕開包裝紙，大口吃起來；有的心不在焉，一直偷瞄著桌上的棉花糖，沒過幾分鐘後便被這誘惑俘虜；極少部分小朋友始終正襟危坐，等待著研究人員回來……。

　　實驗結束很久後，沃爾特·米歇爾針對參加實驗的小朋友進行了調查，他發現，那些能夠抵禦棉花糖誘惑的小朋友在成長的過程中似乎更有目標和條理，也從不缺乏自律自控的能力。長大之後，他們在考試中取得了更好的成績，人際交往方面也更順暢。與其他小朋友比起來，他們似乎更值得人信賴，人生之路也走得更成功。

　　實現目標的旅程其實就是一場接一場的「棉花糖實驗」，透過努力和自制力，你才能成功跨越那些表面綿軟，內裡危機重重的陷阱。

想實現目標，就需要有自制力

不同的人生來自不同的選擇。捫心自問，你是能夠抵禦即時誘惑的高度自控者，還是走走停停、習慣於半途而廢的「低延遲滿足者」？

前者往往能夠順利熬過那些需要堅持和努力的時刻，只為贏取豐沛的閱歷和人生。後者卻難以忍受滿足感被延遲的痛苦，他們沉溺在「棉花糖」的美妙滋味中無法自拔，卻忘了為未來鋪路。不同的選擇，將促使你走上不同的人生道路。

高度自控者偏好長期回報，在他們看來，當前的耕耘和努力一定是實現目標的必經途徑，而日常任務並不是「孤立事件」，它的完成度足以影響遠期目標的實現。

「低延遲滿足者」卻向來短視，看不清當前努力的價值，低估日常任務完成度與最終目標實現之間的相關性。他們老是覺得偷懶一次沒什麼大不了，不會對最終結果產生影響。

事實上，你當前所做的任何事都能與未來產生千絲萬縷的連結。及時行樂式的快感並不能為你帶來長久的幸福，只有持續努力，才能將這快樂與滿足感延續下去。

一些專家將自制力稱為「自制肌」，他們認為自制力其實像人體身上的肌肉一樣，是可以透過鍛鍊來獲取、增強的。而實現目標的過程，也是我們鍛鍊自制力的良好時機。一旦誘惑出現，可以運用以下幾種方法來做抵抗。

首先，正確的激勵可以讓「自制肌」堅持更長的時間。面

第三章　規劃人生，改變生命的精采度

對誘惑左右為難的時候，腦海中通常會出現兩種聲音，一種教唆你順從這誘惑，一種提醒你拒絕這陷阱。努力將這兩種聲音轉化為一種聲音——讚美與鼓勵，為自己加油打氣，你會更有信心和勇氣。

其次，樹立一個榜樣，在意志力面臨挑戰的時候，問問自己：「如果我的榜樣遇到了這種情況，他會怎麼做？」這個問題會讓你的抵抗力無形中增強。

最後，牢記目標，不要試圖尋找藉口。有些人會陷入這種畸形邏輯中：「我昨天整整堅持了一天，今天得犒賞一下自己。」這是不對的，正確的邏輯應該是這樣的：「我昨天的堅持是為了能離目標更近一點，今天也該為了這個目標而努力。」

張樺一捧起書本就愛走神，根本無法集中注意力。後來，他了解到某位作家成功克服同樣問題的勵志故事後，便以作家為榜樣，發誓要走出這種病症的陰影。

大學四年裡，張樺為了訓練自制力，吃了不少苦。他為自己設定了每學期都要閱讀完十本書的目標，可是一開始他的專注力最長只能延續十分鐘，之後便被各種誘惑輕易地瓦解掉。張樺沒有灰心，他反覆回憶那位作家曾說過的話，不停為自己加油打氣。漸漸地，他發現他的專注力能堅持更長的時間了。

張樺將自己的目標寫成醒目的大字貼在書桌上，每逢心中冒出偷懶的念頭時，他就盯著那行字，逼自己繼續在書桌

旁坐下去。靠著這些方法，四年來，他閱讀了將近五十多本書籍，大大超出了原先的目標。如今的他，在書桌旁一坐就是四五個小時，這是以前的他不敢想像的事情。

還需注意的是，再自律的人也不免有自制力失效的時候，這時候，千萬不要認為自己是個「廢物」，將這種極端的想法趕出腦海。你要理智地告訴自己：「一時的失敗不算什麼，繼續努力才是正理。」

鎖定你的目標，拒絕朝三暮四

在通往成功的道路上，一旦認準了目標，就該將真正的執著貫徹到底。不要朝三暮四、猶疑不定，否則只能將大好的機會拱手讓給別人。

沒有目標，或者目標太多，都是你失敗的原因。前者隨遇而安，不知道該往哪個方向去努力；後者意志力太差，像牆頭草般，一有點風吹草動便迫不及待地拋棄原計畫，制定新目標。他們像無頭蒼蠅般亂轉，最終卻失去了出頭的機會。

秦忠大學時期，學的是電子商務專業科系，因此畢業後沒費多大力氣便找到了一份網路銷售的工作。那是一家大公司，雖然給予他的實習薪資不太高，卻給了他足夠的成長機

第三章　規劃人生，改變生命的精采度

會。那時候秦忠唯一的目標是早日轉正，讓薪資翻兩倍。

一開始，秦忠工作十分努力，得到了上司的賞識。後來他卻聽同學說另一家公司正在應徵技術崗員工，底薪不錯，還能享受各種福利。同學慫恿秦忠辭掉工作和他一起去那家公司上班，見秦忠始終猶豫不決，同學勸道：「技術職位比較穩定，比銷售好多了。」

秦忠被這句話打動，去那家公司應徵成功後，他辭去了這邊的工作。然而在技術職位做久了，秦忠又覺得工作枯燥無味，沒有幹勁。後來他聽說，前公司和他一起實習的同事順利轉正，沒過多久就當了主管。每當秦忠想起這件事，心裡就很不是滋味。

後來，他又聽別人說做採購時間靈活，薪水也很高，衝動之下，他又辭去了工作準備重新開始。他足足花了好幾個月的時間才找到了新工作——某家小公司的採購員。這時候，他的積蓄差不多都花光了。可是徹底熟悉了新行業後，秦忠才失望地發現，這一行根本不如他想像的那麼美好，他幾乎難以堅持下去……夜深人靜的時候，秦忠一想起自己畢業已經好幾年卻一事無成就很苦惱，根本睡不著覺。

秦忠的經歷給了我們一個深刻的啟示：工作貴在堅持，朝三暮四者通常會一事無成。對目標志在必得、堅持到底、不達目的不放棄的人卻總能迎來自己想要的未來。

為什麼朝三暮四者難成大器呢？首先，上天給予我們每一個人的時間和精力都是有限的，你能做成的事情也是有限

的。如果你從一個平臺跳到另一個平臺上,不斷更改目標,你就始終處於「新兵」的狀態,注定會做大量的無用功。

朝三暮四者都該用約翰‧沃夫岡‧馮‧歌德(Johann Wolfgang von Goethe)的那句名言來敲醒自己。這句最佳忠告是:「你應該站在最適合自己的地方。」在初入社會之初,你最該學習的是如何合理運用自己的時間和精力,將它運用在一個行之有效的目標上。切忌左顧右盼、心猿意馬,既想嘗試這個,又想感受那個。

擺正自我位置,尋找現階段最適合你的目標,認定了就要堅持下去。正如有經驗的花匠,經常會剪掉多餘的枝枒和花苞。有人為此感到惋惜,感嘆道:「這枝枒難道不夠茁壯有力嗎?這花苞難道不能綻放成美麗的花朵嗎?為什麼要剪掉?」

花匠微微一笑,他深知陽光和養料都是有限的。減去旁枝,是為了樹苗能集中養分成長,結出更多的果實。減去大多數的花苞,是為了這剩下的少數花苞能開出更美麗奪目的花朵。如果你腦中雜念很多,一定要學會去除多餘的目標,將精力集中在最適合自己的事業上。

堅定目標的路途中,一定會遇到各種艱難險阻,讓你忍不住產生放棄的想法。無數例子卻告訴我們,只有堅持堅持再堅持,才能看到曙光。

第三章　規劃人生，改變生命的精采度

　　從年輕的時候開始，寧峰一直從事著服裝生意，直至成立了一家小型服裝公司。然而，從某一段時間開始，寧峰卻意識到生意越來越不好做了。

　　身邊的人紛紛轉行，各謀出路。有朋友勸說寧峰，不如撤出服裝市場，用攢下來的積蓄去投資其他生意。寧峰卻不同意，他堅定道：「擁有自己的品牌是我一直以來的夢想，我唯一能做的就是堅持。」他思索很久，認為只有把自己的服裝推銷到當地一家知名商場，才能改變目前的處境。他帶著衣服樣品去了這家經營國內外名牌服飾的商場，找到了商場經理。結果他費盡了口舌，商場經理卻嘲諷道：「我們商場從來不銷售雜牌，你還是放棄吧！」

　　寧峰沒有氣餒，第二天，他又趕去了商場，結果經理閉門不見。這次碰壁反而挑起了他的鬥志。他一連去了三四十次，經理最終被他的誠意打動，同意看看他帶來的樣品。

　　令寧峰喜出望外的是，他帶來的樣品讓經理眼前一亮。一番協商之下，經理最終同意先引進寧峰公司的部分產品試試水。這批物美價廉的服裝很快被銷售一空，最後，寧峰與商場簽訂了長期合作協議，他的服裝品牌的名聲就此被打響……。

　　拿破崙（Napoleon）說：「戰爭的藝術就是在某一點上集中最大優勢的兵力。」對於任何人而言，一旦確立了目標就不要隨意改動，只有全心投入，堅持不懈地努力，才能獲得更大的成功。

找到真正想要的，堅持才有意義

「堅持」這件事情摻不得一點假，在那些前途渺茫的日子裡，你會發現自己原來根本沒有當初想像的那般堅忍頑強。自制力差的人會常常禁不住誘惑，以至於一再半途而廢。

那些自律的人都是怎麼堅持到底的？他們為什麼能夠堅守孤獨中依然毫不動搖？因為他們找到了自己真正想要的。反之，如果你內心想要完成計畫、實現目標的欲望和動機不夠強烈、不夠強大，你只能屢屢認輸。

周曉雪畢業於某大學會計系。大三的時候，她被父母安排進入一間企業實習，之後轉為正式員工。儘管同學們都很羨慕她，周曉雪自己卻很痛苦。她根本不喜歡財務工作，也適應不了每天都與枯燥的數字打交道的生活。

堅持了半年後，周曉雪不顧父母反對從公司辭職，之後一直賦閒在家。朋友知道了她的情況後，勸她早點走出這種狀態，她卻為難道：「小城市實在沒有什麼好工作。」

朋友試探著問道：「妳以前不是很喜歡閱讀與寫作嗎？要不試著建立一個社群帳號，寫點東西？」

周曉雪卻迷茫道：「其實我也不知道自己是不是真的喜歡寫作……。」

朋友又道：「如果妳喜歡大城市的生活，就儘早離開家鄉。」

第三章　規劃人生，改變生命的精采度

　　她吞吞吐吐道：「有時候我喜歡大城市，有時候又覺得小城市安逸，我真的不知道我想要什麼。」

　　你是不是也處於這樣的狀態中？畢業好幾年，工作換了一份又一份，始終是基層員工，看不到出頭之日；總也找不著生存的目標和意義，不知道自己存在的價值⋯⋯。

　　大多數年輕人的心病莫過於「除了青春，我一無所有」。想要趁著青春年少的時候奮力搏一把，卻不知道該從何開始；不甘心平庸一輩子，卻總也逃脫不了無頭蒼蠅般亂闖亂撞、有才華卻沒有發揮之處的命運。他們心裡始終籠罩著一片迷茫的陰影。

　　當然，未來的路還很長，過早放棄希望是不理智的。你要相信，無論什麼時候開始都不晚。與其漫無目的地亂撒網，一次次地浪費時間和精力，還不如先找到真正的目標，瞄準它默默努力，賦予堅持最大的意義。

　　想要找到你真正想要的是什麼，先得全面、客觀地認識你自己。每個人都是不同的，別人的經驗對你而言未必有用。審視自己身處的位置，分析自己的長處和短處，了解自己的熱情所在，只要做足了功課，你對自己的了解會越來越深入和透徹。

　　如果實在不知道自己的方向在哪裡，那就反過來想想，你最痛恨哪種生活？只要朝著相反的方向去走，總有一天，

我們會與夢想中的自己不期而遇。

有一首歌的歌詞是這樣的：「是不是對生活不太滿意？很久沒有笑過卻不知為何。」這幾乎唱出了現代人那種疲倦迷茫的心境和麻木又不甘心的現狀。

堅持夢想絕對不是一件容易的事情，然而，你若深切地認知到，自己是在為真正熱愛的事情所奮鬥的時候，即使再累也有堅持下去的勇氣。

制定計畫，不要隨波逐流

一句著名的廣告語說：「自律給你自由。」唯有對自我嚴格要求，才能讓你獲得掌控一切的能力。然而，現實生活中，一些人雖然對自律的重要性已經有了深入的認知，且已做好改變自己的準備，但讓他們苦惱的是，他們制定的計畫總是難以執行下去。問題出在哪裡？答案很簡單：大部分人在制訂人生計畫的時候總是隨波逐流、人云亦云，完全失去了自己的想法和節奏，這是他們的計畫屢屢失敗的原因。

在某部電影中，男主角有關人生選擇的故事令觀眾留下了深刻的印象。初入大學時，男主角不知道自己未來的路在哪裡。當時的社會環境要求青年學子拋棄舊時代的那一套，以實業來振興國家。於是很多年輕人不顧自身情況，紛紛選

第三章　規劃人生，改變生命的精采度

擇理科。男主角不願意落於人後，也選擇了攻讀理科。他為自己制定了極其詳細的學習計畫，遺憾的是，無論他怎麼努力，卻始終力不從心。男主角越發迷茫，他在校園裡四處徘徊，腦中一直旋繞著這個人生難題。後來，當他聽到羅賓德拉納特・泰戈爾（Rabindranath Tagore）的演講時才恍然大悟。其實他一直十分喜歡、擅長文科，只因盲目地追隨別人腳步，才讓自己陷入了進退維谷的境地。

清醒過來的他重新做出了選擇：放棄理科，投身於文學的海洋。

後來男主角成為一名大學教授，他經常對學生們說起這個故事，希望他們在制定人生計畫的時候，不要隨波逐流。

你手中拿著的若是一份錯誤的、並不符合現實情況的計畫，執行起來必定困難重重。這時候，你越是自律，便越是痛苦、越是容易半途而廢。

縱觀我們身邊，這山望著那山高，在錯誤的道路上傾注汗水，最後卻一事無成的人比比皆是。那麼，對於普通人來說，如何制定精準有效的人生計畫？

首先，制定人生計畫的時候，最要不得的是隨波逐流、人云亦云。如果你總是跟在別人身後，看別人當了明星，便想當明星；看別人在演講臺上混得風生水起，便去學習演講，久而久之，你就會變成一個毫無目標的、四處亂撞的「木頭人」。別老是關注別人在說什麼、有什麼、想做什麼，將目光

制定計畫，不要隨波逐流

轉向你自己。只有對自己有清晰的認知和定位，才能知道自己應該朝著哪個方向去制定人生計畫。其次，確定了具體的方向後，找到適合你的節奏。不同的人會運用不同的方法去安排自己的時間。有的人喜歡速戰速決，於是將一天的時間規劃得清清楚楚、行程滿滿；有的人卻是「慢熱型」，一般只會劃出大致的時間段，卻不會規定具體時間段該做什麼。

只因每個人都有適合自己的節奏，凡事按照自己的節奏來，讓自己沉浸在最舒服的狀態裡，計畫既容易被堅持下去，也能收穫到最好的效果。

從大的方面來說，有的人會將人生的戰線拉得很長，可能是五年，可能是十年，他們長期耕耘，默默蓄力，只為了多年後那一個碩大的果實。有的人卻很在乎短期收益，他們在制定人生計畫的時候跨度一般設定得比較短，追求一步一個臺階，一步一個收益。這給予我們的啟示是：每個人的成長節奏不同，忠於自己才是成功的祕訣，別因外界的紛擾而亂了心弦，別因為眼熱別人而亂了腳步。

著名作家石黑一雄說：「如果說有一件事是我鼓勵你們大家去做的，那就是永遠不要隨波逐流。」尤其在制訂人生計畫的時候，如果缺乏堅定的立場和判斷是非的能力，跟著別人的腳步和節奏去行走，慢慢就會迷失人生的方向，被困在一紙計畫中始終難以逃脫。

第三章　規劃人生，改變生命的精采度

再好的計畫，沒有行動都是空談

有人說：「我的文采很厲害，可惜少了點執行力，所以什麼文章也沒寫出來。」有人說：「我懂得的道理太多了，可惜行動上差一點，所以依舊過不好這一生。」還有人說：「我每次制定的計畫都很完美，可惜執行力太差，最後這些計畫都被扔在角落裡積灰。」

人與人之間的差距體現在哪裡？答案正是執行力。而你無法擁有執行力的原因正在於你不夠自強、不夠自律，這才讓你夢想中的一切都成了空談。

志傑在看完一本以時間規劃為主題的專業書籍後，激動地拍起了大腿，彷彿找到了自己進入職場以來頻頻碰壁的原因。那天晚上，他為自己精心制定了一份計畫：

‧早上6點起床，晨讀四十分鐘。

‧二十分鐘盥洗，準備上班。

‧利用通勤時間背英語單字或者專業知識。

‧8點20來到公司，用半小時的時間列出一天工作清單。

‧上班期間高效率完成清單工作，完成一項劃掉一項。

‧下班後運動一小時、洗澡、吃飯，晚上8點開始進行高效率學習，內容包括理財投資等。

完成這份計畫後，志傑心裡很得意，他立刻將計畫傳給

了好友。好友只給出了一個評價:「計畫很完美。」志傑滿意地點點頭。

誰知到了第二天早上,鬧鐘足足響了十幾次,都沒叫醒他。站在地鐵上,他哈欠連天,根本無法集中注意力。一天的工作結束後,他拿出清單一看,工作任務只完成了3項⋯⋯。

很多人制定計畫的時候內心充滿了自信,計畫做完後卻又被丟到一邊,自己該偷懶偷懶、該貪玩貪玩。長此以往,他們做的計畫越完美,人生卻過得越失敗。

必須反思自身,哪怕有了好的想法,制定了一套完美的計畫,卻總是懶於行動。更可笑的是,我們還經常拿「等明天再去執行」、「等有錢就開始啟動計畫」等沒意義的話來安慰自己。

那些比我們成功的人未必有著比我們更出眾的資質和條件,他們只是比我們的執行力更強,更懂得自我控制而已。那麼,如何提升執行力?

首先,做好吃苦的準備。有人說,最高級的自律,無非是要對自己狠得下心而已。我們總以為自律很難,其實不過是在想放棄的時候逼自己一把;無非是不斷地提升自己,彌補那些缺憾與短處,發揮長處。沒有吃苦的準備和決心,再詳盡完美的計畫都是「障眼法」。

第三章　規劃人生，改變生命的精采度

其次，很多人在執行的過程中，一旦遇到了阻礙，意志力瞬間土崩瓦解。為了解決這個問題，你反而要將自己的計畫做得實際、保守一點，以免高估自己的完成力。

記住，自律習慣的養成並非一朝一夕。執行計畫的頭幾天裡，不要對自己的「戰鬥力」抱有太多的期望。面對一些不那麼緊急的「釘子任務」，盡量將它們挪到以後去完成。面對棘手的挑戰，要不求助，要不果斷放棄。盡量保證自己的執行之路能夠進行得更順暢。

另外，有些人的計畫執行不下去，是因為他們發現現實生活裡往往「計畫不如變化快」。當計畫被頻頻打斷的時候，他們再也無法擠出更多精力和信心去制定、執行下一個計畫。

其實，變化快不代表沒有做計畫的必要。只需稍微調整一下計畫的目標、內容，執行起來也就更容易。比如說，不妨將長期計畫改為短期計畫，保證自己能夠隨時修正；或者為一些意外事件留足緩衝時間，這樣一來，哪怕計畫被打斷，也不至於手忙腳亂。

徐真真在 27 歲那年由文職轉行為培訓師。隔行如隔山，一開始她的工作壓力實在是太大了。後來，她制定了一份工作計畫，請帶她入行的前輩幫她查看一番。

前輩認真查看後，給出了幾點建議：「首先，妳的計畫

制定得太『滿』，並沒有留出多餘時間來處理意外事件。要知道培訓師是需要頻繁出差的，制定計畫的時候一定要靈活一點。其次，妳剛開始做這行，不要急於求成。比如說妳規定一天最起碼保證三到四次上講臺的時間，這對妳而言挑戰太大了。不如從一些簡單的練習開始，觀摩其他人的培訓影片，慢慢思索技巧……。」前輩一邊說，徐真真一邊點頭。最後，前輩手把手地幫助她修改了工作計畫。

　　計畫不在於完美，而在於合理，這樣執行起來才會事半功倍。當然，想要確保執行力，首先要保證你始終能夠堅守自律。要知道，你有多自律，就能走多遠。

第三章　規劃人生，改變生命的精采度

第四章

控制欲望,生命的極致是素與簡

第四章　控制欲望，生命的極致是素與簡

欲望越多，消耗的精力越多

曾有人一針見血地指出 —— 在這個世界上，沒有哪一種占有不需要付出成本。你擁有了一間寬敞華美的房子，付出的是從此成為房奴的代價；你擁有了一輛高級汽車，從此必須要花費無盡的維護成本；你擁有了手機，從此被各種垃圾資訊所奴役；你擁有了絕好的身材，從此控制飲食，再不敢碰一點油膩⋯⋯。

你占有的越多，心就越來越滿，再剩不了多少空間去盛放親人的愛與關懷、美好的回憶，以及自我對世界真誠的審視。當欲望充斥於生命之中的時候，你會漸漸迷失自己。

北宋時，蘇軾仕途顛簸，嘗盡人生苦樂滋味。後他被貶黃州，索性放下往日執念，徜徉於山河懷抱之中。一日三餐，飯食清淡，他卻慨嘆道：「人間有味是清歡。」

台塑集團總裁王永慶曾經說過，他的一條毛巾用了二十七年卻捨不得扔；擁有更多財富的祖克柏永遠穿著最簡單的灰色 T 恤和牛仔褲，開著最普通的汽車，最常去的餐廳是麥當勞。他驕傲地用極簡主義者來描述自己，而不是欲望的奴隸。

古往今來，越是智慧的人越明白，一個人是否幸福，往往取決於他能否擺脫內心欲望的控制及對外部世界的依附。

欲望越多，消耗的精力越多

你放下的越多，反而能更清楚地認識自己；你占有的越多，周身的牽絆就越多，難以乾淨俐落地生活在這個世界上。

日劇《我的房間空無一物》的女主角麻衣每天都在思索著扔點什麼。曾經的她，卻是個不折不扣的「購物狂」，她的房間擁擠逼仄，牆上掛滿了衣服，桌上堆滿了雜物，連床上都放滿了一疊疊的漫畫書。儘管如此，她還是控制不住購物的欲望。

有一次，麻衣去同學家做客，驚訝地發現對方家裡寬敞、簡潔，根本沒有多餘的物品。她這才意識到，自己的小房間是那樣的凌亂不堪。

後來因為失戀，麻衣糾結半晌，還是扔掉了前男友留下的東西。那一刻，她如釋重負。因為地震，麻衣和母親搬到臨時公寓居住，母親望著從家中搶救出來的僅存的物品，感慨至極：「生活裡真正必要的東西，原來只有這些啊。」

這些變故讓麻衣漸漸學會了捨棄。如今的她，生活在無比簡素、寬敞的房間裡，卻倍感輕鬆、愉快，生活也變得充實起來。

當麻衣不再臣服於內心的欲望，過起了「斷捨離」的生活的時候，才赫然發現，曾經那些讓我們無比執念的東西，反而對我們的人生產生了負面影響。

在日本掀起極簡主義生活風潮的佐佐木文雄曾經是個狂熱的 CD 收藏者，有一天，他突然對這種擁擠的生活產生了

第四章　控制欲望，生命的極致是素與簡

厭倦。於是他扔掉了大部分物品，只留下簡單的衣物和空蕩蕩的房間。佐佐木文雄說：「你自己才是生活的主角，而不是物品。」

而占有這些物品的代價，是無數時間和精力的白白流逝。當他嘗試著放下這些欲望的時候，他內心的空虛感一掃而空，對未來的方向也愈發堅定起來。

從能量守恆的角度來說，某方面的得到，必然會帶來某方面的失去。你的房間裡擺滿了鞋包衣物，就失去了休息和思考的空間；你擁有了更多的網路社群圈裡的按讚之交，卻失去了知心好友的問候；你擁有了越來越多的金錢，卻失去了少年時期最真摯、純真的感受。

德國現代建築大師路德維希・密斯・凡德羅（Ludwig Mies van der Rohe）提出「Less is more」的設計理念，後來，這種建築風格理念卻整整影響了一代人的人生規劃，產生類似效果的還有亨利・大衛・梭羅（Henry David Thoreau）的作品《瓦爾登湖》（*Walden*）。

只因「少即是多」的背後隱藏著如此深刻的含義：只有努力地為欲望減負，學會「斷捨離」，人生才能變得更加高效簡潔，專注有力。

賈伯斯的家裡只有一張床墊、一把椅子、一張 Tiffany 桌燈，一張阿爾伯特・愛因斯坦（Albert Einstein）和馬哈拉傑・

吉的照片。1997 年，他回到蘋果公司，剛一上任，就毫不留情地停掉了七成的企劃案和絕大部分毫無特色的產品。面對底下員工的議論和抗議，賈伯斯沒有解釋太多，只讓大家專注於 iMac、iPod、iPhone、iPad 的研發工作中。

　　設計 iPhone4 的時候，賈伯斯也只提出了一個要求：「將最複雜、最強大的功能最大程度地予以簡化。」結果 iPhone4 一經面世，便成為新時代的寵兒。

　　我們生活在一個物質豐富的現代社會，各種商品琳瑯滿目，而給予我們的選擇越多，我們反而變得越痛苦。

　　賈伯斯卻說：「所有你需要的就是一杯茶、一盞燈還有美妙的音樂。」人的靈魂必需品，都不需要花太多錢購買。你占有的越多，就越難以挪出時間和精力去關注真正有意義的人和事。

　　只有學會做減法，深耕細作，日積月累，才能成就一段真正有意義的生活。

素心，幫你減少煩惱

　　毋庸置疑的是，生活中的大部分人都是普通人。也許，我們終其一生也等不來夢想中的奇蹟；也許，我們注定會走向平淡無聊的結局。而這些，都不是我們自暴自棄的理由。

第四章　控制欲望，生命的極致是素與簡

人的所有苦難來自內心的貪婪與欲望，正因求之不得、捨棄不下，才輾轉反側、浮躁難安。而在浮躁的時候，平常心就顯得尤其重要。保持一顆平常心，是消除煩惱的好辦法。

作為普通人，我們沒必要被別人的高標準嚴要求所束縛，也沒必要被自己內心的欲望所綁架。雄心萬丈的人自然有機會獲得成功，但懷有一顆平常心之人，有時候反而能做成更多事情。

烈日高掛，酷暑難耐。寺院後牆腳下的草枯了一大片，小和尚焦急地對師父說：「好難看啊，不如翻開泥土，重新撒點草籽吧。」

師父微笑著搖搖頭：「等天涼再說吧，不急不急，隨時。」

過了中秋，有一天，師父提著一大包草籽，交給小和尚，說：「去播種吧。」

小和尚扛著鋤頭，歡天喜地地來到了後牆腳下。他小心翼翼地翻開泥土，捧起一把草籽，撒向地裡。

秋風乍起，大半草籽還未落入土中便被風捲入空中。小和尚急了，連連喊道：「師父，不好，草籽被風吹走啦！」

師父卻微笑著說：「不急，不急，能被風吹走的草籽多半中空，哪怕被種在土裡也不會發芽。隨性。」

又過一會兒，天上飛來幾隻喜鵲，啄食起土裡的草籽。

見小和尚又急了，師父依靠在大樹底下，慢條斯理道：「草籽準備甚多，幾隻鳥兒能吃多少？隨遇。」

那天夜裡，天降大雨。小和尚搖醒師父，焦急道：「雨下這麼大，草籽肯定都被沖走了！」

師父打了個哈欠：「沖到哪兒就在哪裡發芽，隨緣。」

沒過半個月，有一天，小和尚蹦蹦跳跳地找到師父，欣喜道：「後院的草籽發芽啦，真好看！」

師父翻著經書，漫不經心道：「隨喜。」

寺廟中的師父始終懷揣著一顆平常心，以此看待世事變化、滄海桑田。這份平常心的背後，是世人難以企及的洞察力，而他們樂觀豁達的心態更令人羨慕不已。

我們普通人在面對環境變化之時，心緒卻難以平靜下來。有時得意、狂喜；有時傲慢、自滿；有時沮喪、痛苦；有時煎熬、妒忌。我們如此脆弱，是因為從一開始的時候就被灌輸了一種狹隘的世界觀，之後更在社會的浸染下，變得越來越功利。

普通人大多難以進入禪院高僧那般物我兩忘的境界，但我們至少可以將人生當成一場修行，穿梭於紛紜世事間，努力去修煉心境、堅韌靈魂。順時，不得意忘形；敗時，不灰心喪氣，無論身處何時何地，始終保持著一顆平常心，坦然面對一切。

第四章　控制欲望，生命的極致是素與簡

人生貴在一顆平常心。這要求我們放下急功近利的浮躁情緒，淡然面對得失。在屢屢受挫、力不從心的當下，及時收拾心情，整理思緒，力所能及地做好手上的每一件事。

如此，你不會稍遇坎坷就患得患失，如秋風中的落葉般自亂陣腳、倉皇無助。無論外界如何變化，你也能守住內心的那一分清明。

人生貴在一顆平常心。這要求我們放下對他人的眼紅與妒忌。每一分成就背後都寫滿了痛苦與心酸，如果你不曾走過同樣的路，就連嫉妒也失去了資格。這種陰暗的情感反而會拖累你的腳步，讓你始終無法解脫。不如抬頭看天，埋頭做事，只專注自己的路。

人生貴在一顆平常心。這要求我們寬容看世態，從容待眾生。哪怕是面對責難、面對誤解、面對不公，始終寬容以對，笑對人生，哪怕狂風驟雨也能泰然處之。

長久以來，夏丹對自己要求甚嚴。但最近一段時間裡，她彷彿陷入了生命的「沙漠地帶」，遲遲難以解脫。當年夏丹和李琪同做為優秀學生畢業，夏丹去了某世界五百強公司工作，李琪卻回到了老家，成為了一名普通的公務員。

夏丹生性好強，眼看周圍的同齡人都很優秀，更是將所有的時間和精力都投注於工作中，一心希望與同事們爭個高低。讓她不舒服的是，她熬夜加班趕出來的方案卻總也入不了上司的眼，後者的詰難與偏見讓她頗受打擊。

工作進展不順也就罷了，夏丹的感情也出現了問題。這時，同學李琪卻聯絡到了她，得知李琪如今工作穩定，生活美滿，且正在籌備婚禮，夏丹一陣失落。強烈的嫉妒情緒籠罩心頭，讓她始終難以平靜。

　　夏丹明白自己走入了情緒的惡性循環之中。為了拯救自己，她毅然辭去了工作，坐著火車去了別的城市旅行。那裡素簡的建築、高遠的天空深深打動了她。看到廣大湖泊的一瞬間，她的心突然安靜下來，彷彿找到了生命的意義。在旅行日誌中，她用娟秀的字跡寫下：「生命漫長又短暫，人類生來渺小又偉大，每個人都該保持一顆平常心去面對這紛繁世界」。

　　人生路上向來悲喜交加，時而陽光明媚，時而暴雨狂風。少了一顆平常心，便多了很多煩惱。不要迷失了自我，被欲望烤焦；不要被挫折打垮，將理想丟失在黑暗之中。

　　保持心的素淨，始終堅持腳下的路，默默前行，卻足以抵抗一切的不如意。

別讓物質束縛精神自由

　　現實生活中，有太多人被「外物」矇蔽了雙眼，牽絆住了腳步。我們總是因為得到了一些東西便欣喜若狂，得不到就失落沮喪。好比上了鼻環的牛，被牽到哪兒是哪兒，從頭到尾都隨著外界境遇的改變而忙得團團轉，自己的心卻始終做

第四章　控制欲望，生命的極致是素與簡

不了主宰。

那麼，何為外物？所謂「外物」指的是脫離自身以外的一切事物。比如說自然環境、比如說功名利祿、比如說你的經歷與遭遇，或者你苦苦追尋的目標等等。記住，將自我情緒乃至人生的操控權都拱手讓出的人，永遠得不到內心真正的安寧與自由。

洞山良价禪師圓寂之前，命人為他剃髮披衣。一切準備好後，禪師在寺院蒼勁雄渾的鐘聲之中儼然坐化。弟子們悲聲大哭，整整持續了一個小時。禪師緩緩睜開眼睛，淡淡道：「出家之人，心裡不要為虛幻的外物所牽制，才是真正的修行。」禪師的話擲地有聲，敲醒在座弟子，也警醒了世人。但凡高僧，首先要捨棄的是對凡塵俗世的留戀和對一切外物的欲望，心甘情願地過精簡、樸素的生活。普通人或許難以企及高僧們的佛法成就，卻也能透過放棄某些不必要的執著，在某一刻達到自如了悟的狀態。過於依賴外物，必會因無窮無盡的誘惑而迷茫倉皇，從此背離豁達的心境。古往今來，人們最容易被名利財富所困。有人為了追尋一時的好處，情願犧牲人格、出賣本心，殊不知虛名假利如泡沫，往往一戳就破，它會帶著你的尊嚴永遠消逝在風中⋯⋯。

老頭生活在老城巷道之中，他守著一個簡單的理髮小攤子，生活平平淡淡，卻有滋有味。他收入不高，卻有著極多的愛好。「上班」前，他習慣在自己的紫砂壺裡泡上一壺濃

濃的茶，悠閒地躺在竹椅上，等著生意上門。

「下班」後，他要不坐在巷口，和鄰居們閒話家常，要不提著鳥籠去花市逛一逛。對於這種生活，老頭一直很滿足。後來發生的一件事打破了這種平靜。

有一天，老頭正捧著紫砂壺躺在竹椅上，一位文物商人正好經過他身邊，目光無意間落到了老人的紫砂壺上。商人立刻停住了腳步，和老頭攀談起來。他向老頭借看那壺，拿到手中觀察了下，斷定那是清代製壺名家的作品。

商人又驚又喜，立刻請求老頭將紫砂壺賣給他，而他的出價是十萬元。老頭驚呆了，他找了個理由將商人打發走，早早地收拾了攤子回到了家裡。那夜，他捧著紫砂壺，翻來覆去怎麼也睡不著覺。握在手中，他怕自己不小心睡著會將壺打碎。放在桌上，他又疑心會被人偷走，老頭有生以來第一次這般煎熬。

從第二天起，上門的人突然多了起來。鄰居們藉故來他家中查看，不同地方的文物商人們來了一批又一批，追問他是否還有別的寶貝。更恐怖的是，不時有親戚上門來借錢，老頭一開口拒絕，親戚們就堵在門口，哭鬧不休。

半個月過去後，老頭整整瘦了5公斤。他坐不住了，那天他突然當著所有人的面，狠狠地摔爛了紫砂壺。眾人默默散了，不久後，他的生活又重回平靜之中……

渴望權勢、奢望財富、乞求盛名，生命只會因為你的欲望而背負上無窮負累。所謂的「真性情」卻能換得「常自

第四章　控制欲望，生命的極致是素與簡

在」。當心靈免除了一切外物干擾，我們的生活也將隨之浸浴在平和的氣氛之中，不再因人生中的悲歡離合而痛苦自抑、喜怒無常。過於依賴外物，便忘了傾聽內心的聲音。對於現代社會而言，速度和效率是永恆的追求。處於這種環境中的我們，只顧著跟在別人身後追逐熱門，慢慢便喪失掉自我。

過於依賴外物，更會阻礙你的成長。只要你能勇敢地向前拚、不顧一切地向前闖，總有一天，你會與夢想中的自己不期而遇。但若在成長的某一時期裡，你將外物當成柺杖，死活不願意放手，你的眼光只會變得越來越狹隘，路也會變得越來越窄。

王慶小時候跟著鄰居家的哥哥學習溜冰。一開始，王慶無法掌握平衡，動不動就會摔倒。當他想要放棄的時候，哥哥為他拿來了一把椅子，讓他推著椅背，慢慢向前滑行。

椅子穩穩當當地立在冰面上，成為王慶唯一的依賴。他推著椅子前行，慢慢地，滑倒的次數減少了，他像站在平地上一般行動自如。

王慶開心極了，緊緊握著椅背不放手。一個星期後，哥哥來到溜冰場，見王慶還在一個勁兒地推著椅子，默默走上前來，想要將椅子搬走。王慶急得哭了起來，一個勁兒地嚷道：「別，別，我會摔倒的！」

哥哥卻皺眉道：「相信我，你不會摔倒的。」哥哥堅定地撤走了椅子，王慶搖搖欲墜，差點摔倒。他用盡全身的力

氣,站穩了腳步,之後欣喜地發現,自己竟然在滑溜溜的冰面上自如地穿行起來。

王慶呆了,哥哥卻道:「當你過分依賴椅子的時候,它反而會阻礙你的成長。當你勇敢地放開椅背,才有機會發現自己早已成為真正的『行家』的事實。」

沒人會帶著椅子去溜冰。行走在人生的道路上,某個時期裡,外物也許能給予你一定的幫助。但若你過分依賴它,學不會及時放手,就永遠得不得真正的自由。

權力欲望為何會不斷膨脹

古人用「人心不足蛇吞象」來描述人們對於權力的追逐與渴望。每個人都渴望擁有自己的權力,伯特蘭·羅素(Bertrand Russell)在其著作《權力論》(*Power*)中將其稱為「人的本性」。

然而,正如社會學家查·柯爾頓所言:「要想知道掌權的快樂,就去問它的追尋者;要想知道它的痛苦,就去問那些當權者。」沒權的時候想有權,有權的時候定會肆意弄權。欲望的膨脹之路好比「洩洪」,一旦開了個口,就會止不住地一瀉千里,直至摧毀自己的精神世界。

那麼,權力究竟意味著什麼?它為何會不斷膨脹?透過一個寓言故事,可窺探一二。

第四章　控制欲望，生命的極致是素與簡

老虎、鹿、山豬和狐狸共同生活在一片森林裡。有一天，一隻綿羊闖入了狐狸的領地。狐狸匆忙召集大家開會，商量如何處置這隻羊。等大家都聚齊後，老虎沉穩指揮道：「先將這隻羊分成四份。」

狐狸點點頭，開始忙著分起綿羊肉來，山豬和鹿在一旁幫忙。老虎卻站在一旁，神色不定，不知道在想些什麼。

綿羊肉分好後，老虎指著一塊最大的肉說：「這塊肉應該歸我。」狐狸有點不開心，可是見老虎周身威嚴的氣勢，還是勉強同意了。

老虎見無人反抗，眼珠滴溜溜亂轉，指著另一塊肉說：「這塊也應屬於我。你們有意見嗎？」鹿和山豬對視一眼，忍氣吞聲地搖了搖頭。

老虎笑了，指著第三塊肉說：「這塊我也要了，你們合分剩下的一塊肉應該夠了吧？」

「為什麼？」狐狸不忿，問道。老虎板起面孔：「因為我是森林之王，我的權力最大。」狐狸、山豬、鹿不敢多說什麼，只得同意了這個無理的決定。

「慢著。」老虎又輕蔑地笑了起來，道：「我改變主意了，這四塊肉都應該屬於我！」

老虎在嚐到了權力為它帶來的好處後，「胃口」也越來越大，最終獨吞下了整塊綿羊肉。可以想見的是，它會在權力這條路上越走越遠。

自然界的某些規則與人類社會無比契合，比如說，對於

110

權力的追求。昔日的美國總統林登・詹森（Lyndon B. Johnson）說：「每個人都渴望權力，如果他說他不想，那麼他在撒謊。」可見，權力對於人們的誘惑有多大。只要你身處現代社會，你就不可能游離於權力之外。

人們對待權力，基本上可分為四種態度：畏懼、好奇、崇拜、迷戀。臨近最後一個階段，你的目的一定會變成——將權力無限擴大化。為什麼人們會如此熱愛與渴望權力？

首先，追逐權力是為了獲得自我利益。一個人權力越大，他對別人的影響力就越大，也就越能自如控制周圍環境。優先資源分配權，為他們謀求私利創造了便利條件。

現實生活中，一些人透過管轄權、管理權來為自己謀利的現象屢見不鮮。他們被愈發膨脹的權力欲望侵蝕了人格尊嚴，早已背離了最初的道路。

其次，想透過權力制約別人，讓別人聽從於自己。群居生活是人類社會的顯著象徵，在這個大群體中，每個人都希望受重視，乃至讓別人無條件地服從自己。

權力大小意味著地位的高低。當你對「高人一等」有了渴望的時候，你的權力欲望就此產生；當這欲望一定程度上得到了滿足，此後必會無限制地蔓延開來。

最後，有的人是想透過追逐權力來實現建立「理想國」的夢想。一些人生來志向遠大，當他們在追求權力的時候，實

第四章　控制欲望，生命的極致是素與簡

際上是在追求自己的「烏托邦」，追求更大的責任承擔。

他們深知，權力會賦予他們實現夢想的能力，這時候，權力便成了他們唯一的選擇。然而，權力足以成就一個人，也足以毀掉一個人。不是任何人都有自如駕馭權力的能力。

當你將權力視為工具的時候，小心它會膨脹、反噬掉你的靈魂與夢想。很多人抱著改變世界的夢想出發，卻在追逐權力的過程中漸漸被世界改變，變得面目全非。《紅樓夢》中的賈雨村就是典型案例。

賈雨村生得腰圓背厚，劍眉星目，寄居葫蘆廟時的他志向遠大，一直渴望著能夠科舉中榜，順利實現政治抱負。卻無奈囊中羞澀，只得靠賣文作字為生。住在隔壁的甄士隱欽佩賈雨村的抱負，解囊相助，賈雨村這才有了上京的盤纏。

後來，賈雨村考中進士，成功當上了知府。掌握了真正的權力後，他的內心悄悄發生了變化。為了能平步青雲，賈雨村一改文人的清高品性，一面貪酷徇私，一面巴結權貴人士，做下無數醜惡事端。東窗事發後，他不得不脫去一身官服，為自己的罪行付出代價⋯⋯。

因權力貪欲不斷膨脹，賈雨村從一個志向高遠的文人蛻變為虛偽勢利的小人，叫人喟嘆不已。佛說，不知足的欲望都是壞的欲望。不受制約的權力欲望會將個人的精神品格吞噬殆盡，對整個社會而言，它能造成更大的傷害與災難。

一簞食，一瓢飲，不改其樂

孔子最喜歡的學生是顏回，他評價後者說：「一簞食，一瓢飲，在陋巷，人不堪其憂，回也不改其樂。賢哉回也。」

意思是說：「顏回用竹碗盛飯吃，用木瓢舀水喝，他一直住在簡陋破舊的小巷裡，每每別人談起，都說這種生活實在讓人難以忍受，而顏回卻能做到知足常樂，真是高尚啊。」

知足，是一種生存智慧。縱使廣廈萬間，你夜眠之時也不過七尺；哪怕山珍海味，飽腹卻只需三餐。對於生性自律的人而言，生活無非是簡單一點，再簡單一點。

明朝金溪人胡九韶家境貧困，為了能夠養家活口，他一邊做村裡的教書匠，拿微薄的報酬；一邊努力耕作，各種農活樣樣拿手。

儘管如此，家裡的處境始終難以改變。面對妻子的抱怨，胡九韶一笑了之。每天黃昏時分，他都要到門口焚香，朝天恭拜，口中唸唸有詞：「感謝上天又賜予我一天清福。」

妻子氣極反笑：「我們一日三餐都食菜粥，何來清福？」

胡九韶緩緩說：「妳我生在太平盛世，並無戰爭兵禍，此為一福。我們全家人有飯吃有衣穿有房住，不至於流落街頭，此為一福。況且，我們家既沒有病人也沒有囚犯，這是多麼幸運的事啊。這三種福氣加起來，可不就是清福嗎？」

第四章　控制欲望，生命的極致是素與簡

也許，你沒有過人的才情、動人的美貌，也沒有顯赫的身世背景，和豐富璀璨的人生閱歷。但只要你有一顆知足常樂的心，眼前的天地只會變得越發廣闊明朗。

知足常樂的反義詞是貪得無厭。知足常樂的人，貧窮亦樂；而貪得無厭的人，富貴亦憂。若是仔細想想，你會發現，自己擁有的東西已經足夠多了。如果你聽從貪欲的教唆，費盡心力去強求那本不屬於你的一切，反而會賠上你的未來。

陶淵明說：「採菊東籬下，悠然見南山。」他遠離塵世喧囂，在寂靜田園中感悟到了人生最大的樂趣。劉禹錫說：「苔痕上階綠，草色入簾青。」他掙脫名利枷鎖，身居陋室卻怡然自得，反而體現了另一種正面的人生態度。

知足者，並非放棄追求，而是對現有生活的肯定。只因人生一世，不過短短百年。以透支未來幸福為代價，頻頻追求不屬於自己的東西，不是享受生活的本意。我們身邊從不缺乏這樣的人，雖然收入一般，卻總是以「人生得意須盡歡」為藉口，只顧追求所謂的高品質的生活。這些「月光一族」和「卡奴」們周身奢侈品，沒事就和狐朋狗友們吃吃喝喝。他們表面風光，骨子裡卻被這種荒唐無節制的生活壓得喘不過氣來。真正意義上的享受生活，是一種明察洞徹的態度，是珍惜現有的幸福。你會驚嘆，親人的關愛、朋友的問候是多麼美好的事情；你會感慨，一杯香茗、一本好書是何等的寫意

一簞食，一瓢飲，不改其樂

與寧靜。哪怕清晨的一縷陽光也能讓你發自內心地笑起來。幸福彷彿唾手可得。

蕭瑟寒風中，賣燒餅的老夫妻推著小車緩緩拐過街角。他們緊緊握著一個小鐵盒，那是他們今天所有的收入。天黑之前，他們終於趕回家中。這是個簡陋狹窄的小房間，卻被收拾得乾乾淨淨，桌上還擺上了一枝假花。

老夫妻就著昏黃的燈光，數起了鐵盒裡的硬幣。只聽老頭驚喜道：「今天比昨天多賺了50元！」

老婦臉上的笑容滿溢開來，說：「今天為你加菜，我們吃點好吃的。」說著，她洗手做起晚飯來。老頭在一旁協助她，兩人有說有笑，非常滿足。

與此同時，一個腰纏萬貫的富翁卻將自己關在高樓之上的辦公室裡痛哭流涕。不久前，他將自己大部分資產都投入了股市之中，準備大賺一筆。讓他揪心的是，這段時間以來他買的股票大跌特跌，終於在這天夜裡跌破了30個百分點。

這意味著他的財富大大縮水，他已經被無情地踢出了富翁的行列。他想到這裡，感覺天都快塌了，不知道該何去何從……。

如果兩種「橘子式的人生」擺在你的面前，你會選擇以什麼樣的態度去面對？一種大而酸，一種小而甜。

有的人會抱怨大橘子太酸，吃起來受罪，小橘子雖甜，吃起來卻不過癮。有的人拿到了酸的橘子卻感謝它的大，拿

到了小的橘子卻感謝它的甜。如果你是後者,一定活得極其快樂自由。只因知足者,向來是最快樂的那群人。

哲人說:「快樂不在於事情,而在於自己。」哪怕人生不如意事十之八九,知足常樂的人卻能始終保持著樂觀正面的情緒和豁達的心態。對過去,他們無怨無悔;對現在,他們不驕不躁;對未來,他們始終充滿期待。

無論未來將面臨多少艱辛與坎坷,於他們來說,當下的滿足與快樂足以支撐他們勇敢地走下去,用自信樂觀的心態去抵抗一切挑戰。

因為一件睡袍,換了整套家居

你是否經常有這樣的經驗?抱著購買一件睡袍的想法走入商場,幾個小時後,拎著重重的購物袋,在擁擠的人流中穿梭前行的你,想起下個月的帳單不由得嘆了口氣;進家居市場前只想買一個木板凳,逛著逛著,你恨不得換了整套廚房裝備……。

滿螢幕的明星代言廣告、明亮櫥窗裡精緻的名牌包包、朋友在社群軟體上的炫耀貼文,都在誘惑著你「買吧,買吧,買了你就能快樂」。

現實卻是,隨著欲望水漲船高,你就算買空了錢包,也

買不來長久的滿足與快樂。在這個第三方支付無比快捷的時代，不夠自律的人很容易陷入瘋狂的購物欲中，就此淪為欲望的「階下囚」。心懷自律，卻能幫助你從無窮無盡的物欲中抽身而出。

電影《鬥陣俱樂部》的主角泰勒任職於汽車公司，身為獨居男子，他十分孤獨。泰勒人生最大的樂趣，是反覆閱讀家居雜誌上的宜家室內裝潢廣告，凡是喜歡的產品立即下單。他的目的是用那些精美的沙發、桌椅、地毯、壁畫來塞滿自己的房間。

但「買買買」的生活並未能有效填補泰勒心理上的空虛，他的失眠症反而變得越來越嚴重。生活灰暗無比，直到他的房子因為煤氣洩漏發生爆炸，他熬夜買來的精美家具、廚房用品被炸成了一堆黑渣。這件事讓泰勒這個購物狂徹底地走向了另一條人生道路。

我們身邊購物成癮的普通人有著很多相似之處：沒有積蓄，縱使欠下一屁股「卡債」也控制不住購買的欲望；生活、工作、愛情屢屢陷入危機之中……而他們身上最大的共通點正由於不夠自律。在物欲面前，他們往往屈服於衝動。殊不知，恬淡素簡方為福報；淡飯粗茶才是潔淨。只有學會自我控制，才能擺脫對物質的迷戀。

自律的人，消費觀念理性而克制。對他們而言，除了生

第四章　控制欲望，生命的極致是素與簡

活必需品和另外一些有意義的、能為人生帶來價值的商品外，任何單純滿足「面子」的購物行為都該被摒棄。

自律的人，往往有著更高的尊嚴，他們能居高臨下地審視自己的生活，將人生牢牢握在手中，絕不會任由自己敗給心中的魔鬼。

「雙十一」前一天晚上，錢翠翠將所有的銀行卡、信用卡連帶著整個包包都交到了男朋友手上。她信誓旦旦道：「這個『雙十一』，我不能再買了，再買就得『剁手』！你得好好管住我。」

到了第二天，翠翠向正在上班的男朋友打電話道：「趕緊將包包還給我，終於熬過了這個『雙十一』。」

男朋友笑道：「『雙十一』得持續好幾天，妳還得再加油努力！」

晚上10點半的時候，男朋友加班回家，發現氣氛有點不對勁。翠翠哭兮兮地解釋道：「昨天我才發現我的包上磨破了一塊皮，正好同事說有個可靠的賣家正在轉手一批全新的LV包包，我一看這麼便宜，就找同事借了七萬五千元買了個新包⋯⋯。」

看著翠翠捧在手裡的新包，男朋友又驚又氣，不知道說什麼好。

李安曾藉由電影臺詞說過這樣一句話：「人的一生，其實是和自己的欲望相處的過程。必須承認，我們每天都在面對

內心的欲望。」購物欲是普通人最難以逃脫的樊籠，只因對於普通人而言，享樂很容易，而自律彷彿是最艱難的事情。

其實不然，你若能用更快樂更有意義的購物方式去代替心中的欲望，一切都將變得簡單起來。很多人一旦了解到購物欲的危害後，不自覺地想要逃脫這個陷阱。他們打著自律的旗號，拚命壓抑物欲，妄圖想一天之內「改過自新」。

然而，過分的壓抑並不能帶來真正有效的自律。對於一個購物成癮的人來說，短期內過度壓抑的後果通常是一場又一場的衝動性爆發。這時候，因為一件睡袍換了整套家居的不理性購物行為可能會發生得更加頻繁。

要知道，強烈的物欲一定有個慢慢降低的過程。只有經過長時間的沉澱，心才會靜下來。將自律的習慣刻印入每一日的行程之中，隨時警醒自己，才不容易「犯規」。

生活中，控制購物欲的小竅門有很多。首先，很多人之所以屈服於物欲，是將它當成了發洩情緒、緩解壓力的管道。這時候，你除了要正確對待生活、工作上的壓力，還要找到其他比較合理的釋放情緒的途徑。比如說，和親朋好友聊聊天、讀讀書等。

其次，最好養成記帳的好習慣。隨著手機支付越來越普及，購物中現金交易的情況變得越來越少。絕大部分情況下，你很難意識到自己的支出是否超過了預期。將每筆支出

第四章　控制欲望，生命的極致是素與簡

都如實記下，一些沒必要的損失就能直觀地顯現在你面前。既方便查看，又能隨時提點你自己。

最後，每次衝動付款前，別急著掏出手機和信用卡。調整呼吸，告訴自己「明天再過來吧」。當你的購物熱情被及時剎住後，很可能便戛然而止。除此外，請記住，人貴在自律與堅持，再強烈的購物欲望也會因你的堅持而慢慢消退、降低。

慢下來，才能找到真正的自己

在這個物欲橫流的世界中，綠燈三分鐘一次，捷運五分鐘一趟，效率、快節奏幾乎成了時代的主題。古人說「亂花漸欲迷人眼」，櫃檯裡的商品越是豐富、沿途的風景越是繁華美麗，就越容易迷失真正的自己。殊不知對欲望的克制才是自律的根本。

自律是對欲望的自我管理。當我們在欲望的驅使下加快腳步，急躁冒進的時候，損失的不只是內心的一片清明，還有當初那個單純的自己。

一個年輕人去寺廟裡燒香拜佛，他問住持：「方丈大人，我周圍的朋友都獲得了想要的成功，您說以我的資質，何時才能如他們一樣榮華加身、富貴臨門？」

住持打量著年輕人，吐言道：「十年。」

年輕人面露不滿，追問道：「需要那麼久嗎？那如果我積極進取、快馬加鞭呢？」

住持搖搖頭，淡淡道：「那得要二十年。」

年輕人急了，大聲道：「如果我不休不眠地努力，多久才能跟上朋友們的步伐？」

住持笑道：「這樣一來，你能否成功老衲不敢言說，但老衲敢斷定，你一定會迷失路途。」

見年輕人疑惑不解，住持解釋道：「你的欲望太強烈，行走的步調一定會紊亂。你越是急於求成，能夠得到的一定遠遠小於你所失去的。」

美國管理大師史蒂芬‧柯維在他的名著《高效能人士的七個習慣》(The seven habits of highly effective people)裡曾經點明：「不自律的人就是情緒、欲望和感情的奴隸。」

當社會節奏變得越來越快，年輕人的眼睛只顧盯著結果的時候，一方面他們會忽視對自我基礎的打造；一方面他們也會失去各種細微卻值得用心感受的幸福。當周遭一切都在快速旋轉的時候，你對功名利祿的渴望、對出人頭地的欲念變得越來越強烈。欲望催你上進，卻也會成為你通往幸福路上最難以跨越的障礙。可以說，你若學不會管控自己的欲望，就會在前行的道路中變得越來越面目全非。

世間的榮華富貴、美好事物多得數不清，一開始，我們

第四章　控制欲望，生命的極致是素與簡

認為占有的越多，就能變得越滿足快樂。於是變得越發地心浮氣躁，蠅營狗苟只為了能獲取更多利益。然而，越是求快，越容易做下「丟了西瓜，撿了芝麻」的蠢事。一些人正因求之不得而又捨棄不了，目光越發混濁不堪，靈魂布滿汙點。他們早已忘了自己當初出發的目的。

管理不了內心的欲望，自律從何談起？或者說，不學會自律，怎能讓這浮躁的心慢下來，讓靈魂重歸輕盈與美好呢？

無論是普通的遊戲還是複雜的人生，「少即是多，慢就是快」的道理同樣適用。曾國藩從小就立下了金榜題名的大志願。他對科舉中榜的渴望越強烈，就越是專心致志於每一篇古文的朗讀背誦中，慢慢累積著自己實力。他踏實中肯，不敢有絲毫的含糊。

據說少年時候的曾國藩有一次晚上讀書時，反反覆覆地誦讀著同一篇文章。結果梁上的小偷一怒之下從房簷跳下，譏笑曾國藩資質平庸，不是讀書的料。

一晃多年過去了，貪求捷徑的小偷不知在何處，一直保持著高度自律的曾國藩卻成了國之棟梁，就此流芳百世。只因後者深知放慢腳步，反而能獲得更多回報。

自認文采不俗的梁凡在手機上安裝了某款寫作類 App 後，就此開始了自己的創作。每一次他都心急火燎地將筆下

慢下來，才能找到真正的自己

文章第一時間釋出、投稿，每隔兩小時就登入網站查看點閱率。

梁凡從小夢想著成為一名作家，隨著自己的文章在網站上的點閱率不斷升高，他的成名欲望更強烈了。有一天他發現自己的一篇文章被編輯「頂」上了首頁，瞬間欣喜若狂起來。他不停地幻想著自己功成名就，收穫一票粉絲的樣子，內心膨脹到了頂點。

想要趁熱打鐵的梁凡冒出了出書的想法。他辭去了工作，專職寫起稿來。兩個多月後，他的第一部小說完成了。梁凡將稿件寄向心儀的出版社。誰料最後他竟四處碰壁，一位編輯老師不客氣地回覆道：「你這篇小說邏輯混亂，錯字連篇，根本達不到出版要求！」

梁凡卻非常不服氣，縱使生活變得糟亂不堪，他卻始終執著於自己的作家夢，絲毫沒有意識到自己已經迷失在了追夢的路途中……。

當「快」成為所有人的追求的時候，能夠一步一腳印、扎扎實實下苦功的年輕人越來越少了。大多數人因不夠自律，做事總想著找捷徑，期待著能一夜暴富、一步登天。殊不知過於求快的結果只能是平庸一生。

有時候，慢下來，反而能加快整體的步調。放慢心境，將欲望層層過濾，你會發現生活最澄澈、本真的模樣；放慢腳步，給予自己成長的時間，你最終會收穫一個內心豐富、靈魂充裕的自己。

123

第四章　控制欲望，生命的極致是素與簡

學會止損，更要懂得止盈

可以說，股市最能展現人性的貪婪與恐懼。大起大落的股市，象徵著大開大合的人生。想要做人生可靠的操盤手，除了要學會止損，更要學會止盈。

侯榮平時喜歡炒股，有一段時間股價瘋狂上漲，他激動地將所有積蓄都投進了股市，不久便收穫了超額的回報。侯榮內心迅速膨脹起來，他換了一身名牌服裝，並迅速買了輛好車，一副意氣風發的樣子。身邊的一位前輩浸沉股票市場多年，那段時間一直不停地勸侯榮見好就收，讓他趕緊減倉、配資。侯榮聽了卻十分反感。一次聚會上，侯榮對幾個股民朋友說：「這會兒正是行情好的時候，我剛買車，還想著再換間房子呢。」

那幾個朋友剛在股市中賺了點錢，連連點頭稱是。一旁的前輩卻嘆了口氣。不久，「熊市」襲來，股價大幅下跌。一開始，侯榮不甘心退出，總想著能絕地反彈。於是他咬著牙死撐、搶反彈、抄底⋯⋯等到侯榮想退出股市的時候已經來不及了。不到一個月裡，侯榮的積蓄連帶之前賺的錢賠得一乾二淨，他只好走上了賣房賣車的道路⋯⋯。

投資的時候，為了防止被套牢引發更多的損失，在事先設定的位置上認賠出貨的操作手段，被稱為「止損」。反之，「止盈」則意味著在盈利的位置上及時出貨。

「止盈」法則給予我們的人生啟示是欲望需適可而止。大

多數人雖然深諳見好就收的道理，關鍵時刻卻難以做到。最大的原因在於，他們始終不夠自律、不夠堅定。

華人社會向來講究分寸，而止盈止損正是這一思維的體現。分寸靠什麼把握？靠的正是自律。失去了自律，你會在欲望的道路上一騎絕塵，而「終極滿足」則成了永遠不可能存在的事情。始終保持高度的自律，便能牢牢把握這份分寸感。

所謂「水滿則溢，滿弓易折」，對物欲的追求、對繁華世界的嚮往讓我們有了前進的動力。但若欲望過滿、過多，除了能帶來情緒上的困擾外，最可怕的是，它還會矇蔽你的雙眼、糾纏你的思維、干擾你的判斷，直至你做出錯誤的、足以後悔一生的選擇。

你若沒有足夠的自控能力去束緊欲望的風口，只能眼睜睜地看著膨脹的野心將你吞噬。正如股市中，不懂止盈反而會葬送以往辛辛苦苦累積的財富；人生中，從來不乏年輕有為的青年才俊被永不知足的欲望吞噬了夢想，搖身一變成了貪官汙吏，步步走入萬劫不復的深淵。

古人有云：「人苦不知足，既平隴，復望蜀！」妄想占盡甜頭，一定會付出的越來越多；鋒芒若是畢露，只會引來很多不必要的麻煩。事事都想做到最好，拔得頭籌穩奪第一，而學不會止盈的道理，就一定會被欲望綁架。

第四章　控制欲望，生命的極致是素與簡

宋仁宗年間，一個小村落裡生活著母子二人。兒子王妄有一次打獵的時候救了一條花蛇。後來他的母親突然病重，王妄焦急無比。之前所救的花蛇突然口吐人言，對他說：「你從我身上取三塊小皮，和野草一起煎熬成湯，讓你的母親喝下去，病情自會好轉。」

王妄又驚又喜，依言照做，母親的病果然見好。這件事之後，王妄聽說宋仁宗廣貼告示，向老百姓徵詢夜明珠，而獻上夜明珠的人就能封官受賞。

王妄動了心，拿此事懇請花蛇。那蛇沉思半晌，道：「我的眼睛就是兩顆夜明珠，你若挖出一隻獻給皇帝，就可以升官發財，老母親也能安享晚年了。」

王妄感謝不已，狠心挖出了花蛇的眼珠。靠著它，他果然被封為丞相，還被賞賜了很多珠寶。王妄的胃口越來越大，當他聽說當朝公主病重，皇帝下詔說能救助公主的人會被封為駙馬的時候，他再次找到了花蛇，想挖出花蛇的肝去救助公主。誰知，花蛇瞬間變成大蛇，一口吞沒了他⋯⋯。

王妄的人生因為花蛇的報答而逐漸步入正軌，他非但沒有滿足於此，反而步步緊逼、得寸進尺，最終付出了生命的代價。這個簡單的寓言故事無疑給了我們當頭棒喝。只因生活中做不到見好就收，永遠索求著更多回報的人比比皆是。

古人說「欲望適度則為利，欲望過漲則為害」。你若輸給了心中的貪欲，極有可能將辛苦賺來的本錢「吐」回去，毀了目前美好安穩的一切。若能自律自省、自知自愛，反而能保

持本心的澄明和雙眼的銳利。

面對燈紅酒綠的世界,始終自律克己,不斷清空物欲、俗念,保持內心的恬淡安寧,才能收穫幸福的人生。

第四章　控制欲望，生命的極致是素與簡

第五章
自律，是為了讓財富良性循環

第五章　自律，是為了讓財富良性循環

君子愛財，取之有道

「君子愛財，取之有道；小人放利，不顧天理。」古人一向以這句話作為自身道德行為之導向。對於現代人來說，這也是亙古不變的真理。

錢財是生活必需品，每個人都希望能夠擁有更多財富。從另一個角度來說，財富也是一柄雙刃劍，當你自清自律，很好地把握住了分寸，財富可助你實現夢想，讓你的生命變得更有厚度。反之，你就會淪為財富的奴隸，深陷泥潭無法自拔。

齊國君主曾派人送了百金給孟子，孟子嚴詞拒絕。第二天，薛國又派人送來五十金，孟子欣然接受。見孟子態度反覆，他的學生陳臻百思不得其解。

後者大著膽子問道：「如果說您昨天沒有接受齊國贈送的黃金是對的話，那麼今天您接受薛國所贈黃金就是錯的。反之，如果您今天做對了，昨天就做錯了。這是什麼道理呢？」

孟子解釋道：「我對齊國並無多少貢獻，齊國君主卻贈金與我，顯然是想收買我；而我之前在薛國的時候，因當地發生戰爭，我曾為薛國設防之事費心費力，理應收取適當的報酬。」

見陳臻豁然開朗的樣子，孟子進一步解釋道：「君子豈能讓人用金錢來收買？所以，或辭而不受，或受而不辭，在我看來，都是根據道義來確定的。」

君子愛財，取之有道

金錢自誕生的那一刻起，就與我們的生活息息相關。它是生存工具，也承載了厚重的歷史意義。我們經常會用「金錢不是萬能的，但沒有錢是萬萬不能的」這句俗語來形容金錢的「尷尬」地位。既然如此，我們又該以怎樣的態度來面對金錢呢？

正確的答案是：君子愛財，取之有道。君子自能以極高的道德標準來律己正身，所以荀子說人人喜歡利益，不喜歡禍害，但只有君子能做到取義捨利，遠離不義之財，小人卻一向見利忘義，甚至以各種卑劣手段去奪取不屬於自己的錢財。

對於普通人而言，一切行為標準都應向君子看齊，不能輕易寬懈了自己。只因每副皮囊之下都藏著人性的弱點，要不貪財，要不愛利。在誘惑面前，如果你無法做到自律，一個錯誤的念頭、一個不怎麼光明的舉動，就可能讓你墜入萬劫不復之地。

社會上一直存在著這樣的騙術，幾個人圍在一起，將一條金項鍊「遺落」在地上。等到有人撿起了這條項鍊，這些人就會圍上前來，有的說這是他先看見的，有的負責吹捧這條項鍊有多值錢，有的則裝模作樣地評論道，他們幾個人將這條項鍊平分才算公平。

面對這一陷阱，很多人的反應是拿出一些錢來收買這些

第五章　自律，是為了讓財富良性循環

「圍觀」的人，自以為占了大便宜，等回過神來才發現，那群人都是串通好的騙子，而項鍊也是假的。

這就是貪小便宜的心理在作怪，歸根到底，還是因為你無法做到自律、無法用君子的標準來規範自己的行為。

反觀社會上的另一些人，有時候，他們會將再三得逞的小便宜視為運氣，或將透過各種不法手段獲取的不義之財美化為「命運餽贈的禮物」。殊不知智者們早已點明：「所有命運餽贈的禮物，早已在暗裡標好了價格。」

不屬於你的錢財，就算得到了內心也不會安寧，事後都會付出代價。相反，通過勤勤懇懇的工作累積起來的財富，使用起來才踏實。

胡雪巖經商之初，曾開了一個錢莊。有一次，駐杭州綠營兵千總羅尚德專程找到胡雪巖，說自己準備在他的錢莊裡存 1.2 萬兩銀子。奇怪的是，羅尚德既不要利息，也不要存摺。

這讓胡雪巖疑惑不解。在他的追問下，羅尚德坦言道，自己曾經是個賭徒，嶽父家花了很多錢為他還賭債。後來，他投靠軍隊，成了一名普通士兵。十幾年來，他攢足了銀子，只為回老家還債。然而這時候，上面突然來了軍令，要他率領軍隊去前線打戰。

羅尚德覺得將這些錢放在身邊還不如放在胡雪巖的錢莊，面對他的信任，胡雪巖深為感動，他特意提高利率，為

羅尚德辦理了一本存摺，交代錢莊負責人代管。後來，羅尚德不幸戰死沙場。他的同鄉抱著試一試的想法來到錢莊，想代他取錢還債。

兩位同鄉背地裡嘀咕，心想他們沒有任何憑證，錢莊沒有理由將這筆錢還給他們。令他們頗感意外的是，胡雪巖查核了他們的身分後，痛痛快快地為他們辦理了取兌手續。

胡雪巖的做法堪稱君子。經過這件事後，他的錢莊生意越來越好，而他也終成一代名商，讓後世欽佩不已。

金錢再好，也要取之有道。靠勤勞與智慧去賺取合理的勞動報酬而致富的人，往往在滿足自身的需求後，還能將之回饋於社會。

而另一些人卻被金錢矇蔽了雙眼，不再滿足於小打小鬧式的占取，而是透過各種手段瘋狂斂財。正如歷史上的一個個奸商貪官們，即使能享受一時的歡愉，卻被永遠地釘在了道德的恥辱柱上，令人不齒。

重新定義幸福與金錢的關係

我們辛苦賺錢，是為了改善生活。但賺錢絕不是你人生的唯一目的。將追逐金錢視為人生唯一動力泉源的人無疑是可悲的，他們不懂真正的幸福其實與金錢並無直接的關係。

第五章　自律，是為了讓財富良性循環

當人失去自律，徹底淪為金錢的奴隸時，幸福便離得越來越遠。類似的故事有很多，比如說，有的人縱使一夜暴富，要不了幾年，一切又恢復原樣。又或者，他們淪落得連原先也不如。另外一些人雖然從未擁有過多的錢財，卻能有滋有味地過完這一生。

很多人喜歡將金錢與幸福緊緊連結起來，甚至武斷地在兩者之間畫上等號，這是三觀不正的體現。有錢真的就能擁有一切嗎？有錢一定意味著幸福嗎？答案是否定的。

著名作家穆尼爾·納素夫說：「真正的幸福只有當你真實地認知到人生的價值時，才能體會得到。」如果你將自己人生的價值歸結為金錢的簡單堆砌上，那麼你一定不曾真正領略過幸福的滋味。只因財富對於個人的影響，其實遠沒有你想像的那麼大。

決定你這一生過得幸福與否的，是你的格局、認知，乃至你的金錢觀，卻恰恰與金錢本身無關。關於這個道理，普羅大眾很難想得明白。

幾年前，電視臺曾做過一次街頭採訪。記者手持麥克風，將「你幸福嗎？」這個問題一一拋向路邊行人。在這個影片中，我們能夠聽到的答案五花八門，但幾乎都與「金錢」這個詞緊密相連。某權威雜誌也曾做過調查，結果顯示，大部分人認為只有直接提高薪資，老百姓才能變得更幸福。普通

人的是非觀念都是簡單直接的,所以極易人云亦云。

而學者們在進行長期、深入的研究後,發現並不能將財富的多寡視為調控幸福感的手段,對幸福產生主要影響的反而是財富的使用與分配。對於普通人而言,哪怕擁有的積蓄有限,只有將它們通通用在刀刃上,才能產生極大的滿足感。

成功人士們往往熱衷於慈善事業,為了幫助貧困弱勢群體不惜投入大量金錢和時間。站在另一個角度來說,這也是他們提高自身幸福感的有效手段之一。

美國石油大亨約翰‧D‧洛克斐勒(John D. Rockefeller)出身貧寒,在獲取足夠的財富之前,他一直是個自信樂觀的好青年。而當金錢源源不斷地流入他的口袋後,他卻變得多疑、冷酷起來。

人們談論起這一時期的他,總是皺著眉頭,口出惡言。無數的威脅、詛咒湧向洛克斐勒,連他兄弟也開始討厭起他來。洛克斐勒卻不在乎這些,他將自己不幸福的理由歸結為:自己還未擁有更多錢財。為了賺取更多的金錢,洛克斐勒幾乎推掉了所有休息的時間。

因操勞過度,他的身體一度變得非常糟糕。醫生嚴肅道:「如果你繼續保持這樣的狀態,你只能活到50歲。你必須在金錢、煩惱、生命三者中做出選擇。」

洛克斐勒突然想通了,他放下了對金錢的執念,選擇退休回家。有了大把空閒時間的他開始學著打高爾夫球、去電

第五章　自律，是為了讓財富良性循環

影院看喜劇，還經常和朋友們坐在一起閒聊。

久違的幸福感再一次回到了洛克斐勒的身邊，他開始嘗試著去用半生累積的財富幫助世界各地的窮人⋯⋯。

洛克斐勒逝世於 1937 年，享年 98 歲。去世之前，他將絕大部分財富捐給了慈善機構，少部分留給繼承人。他曾說，當他選擇不再做金錢奴隸的時候，他內心感受到了前所未有的寧靜與快樂。而當他選擇用金錢來幫助別人的時候，他找到了人生真正的意義。

人生這場旅行並未設定返程票，當金錢成為累贅的時候，你再也沒有時間領略窗外的風景，也慢慢失去了陪父母老去、陪孩子長大的耐心。

幸福始終是一種自我感受與自我滿足，有時候它幾乎可以與「吃飽穿暖」這種簡單的事情等同。

從更高的層次來說，幸福是一種內在的精神訴求。這其實與金錢、財富也沒有多大的關係。記住，幸福也許離不開物質，但物質一定不能主宰你的幸福。

理性追求財富，切勿沉迷

俗話說：「人為財死，鳥為食亡。」人們若是過度沉迷於財富，將拜金主義當成人生唯一信條，金錢反而會一步步演

理性追求財富,切勿沉迷

變為萬惡之源。

當然,我們不是要排斥財富,追求財富無可厚非,只因個人生活的改善、自我價值的體現都依賴財富的增長。但請記住,再怎麼追求享樂,也要有所節制;再怎麼熱愛財富,也要嚴於自律。始終保持著一顆平常心,才是對待財富應有的態度。

1930年代,美國的一個年輕人每天都在思索著獲取財富、成為千萬富翁的方法。他整日沉迷於此,以至於丟掉了本職工作。

機緣巧合之下,他真的有了認識城裡最有名的企業家的機會。那一天,他來到企業家家中,問道:「我知道您出身貧寒,您是怎樣達到如今的成就的呢?」

企業家看到年輕人,彷彿看到當年的自己。他讓僕人端來一個果盤,果盤裡盛著幾塊西瓜。他笑著說:「我可以透過一次實驗來向你解釋我成功的原因。」

見年輕人疑惑不解,企業家道:「將面前的三塊西瓜當作是你渴求的財富,你會做出怎樣的選擇?」年輕人不假思索地拿起了一塊最大的西瓜,狼吞虎嚥地吃了起來。

企業家微微一笑,拿起了一塊小西瓜,慢慢吃起來。他很快解決掉那塊小西瓜,又拿起了另一塊。結果這時候年輕人的那塊大西瓜連一半也沒吃完。

企業家放下西瓜,語重心長道:「你的上進心是值得表揚

第五章　自律，是為了讓財富良性循環

的。但切記，你若太過沉迷於賺錢之道，而不去腳踏實地地做些實事，反而會導致失敗的結局。」

過於沉迷財富，反而會讓你迷失眼前的路。正如上例中的年輕人，他抱著急功近利之心，整日做著發財的白日夢，讓自己的生活偏離了正常的軌道。古希臘的伯里克里斯（Pericles）說：「我們愛美，但我們有度；我們尊重智慧，但絕不迷戀於此；我們追求財富，但我們只會盡可能地利用它，而不以此炫耀。」大多數人沉迷於財富，是為了肉體享受。這原本是人的本能，但智慧的人知道凡事都要有所節制。當你無休止地追求財富的時候，人生便只剩下貪婪和無趣。在生命的最後一刻，賈伯斯曾反思說，肉體本來只是靈魂的載體，如今它卻反客為主，成為大多數人生命的主宰。我們執著於財富，執著於吃、穿、打扮，盡一切可能將外在這副軀體伺候得更好。卻忘了失去了靈魂，肉體終將會腐朽。

人們沉迷於財富，更是因為虛榮心在作祟。根據研究顯示，金錢對個人自尊會有著至關重要的影響。隨著社會發展越發繁榮、物質越發豐富，這種影響也越來越顯著。比如說，我們習慣於炫耀自己的財富，卻羞於展露自己的貧窮窘境。

不計手段的爭名逐利、爭權奪勢當然不是為了維持溫飽，如果僅僅只是這樣，那麼一份簡單穩定的工作就可以保障你衣食無憂，乃至贍養家庭、安居樂業。

理性追求財富，切勿沉迷

對於有些人來說，安逸享樂不是唯一的目的，他們真正關心的是自己的虛榮心是否得到了滿足。他們驕傲於自己所擁有的財富，是因為財富會為他們帶來前所未有的認可和關注。

當虛榮心極度膨脹的時候，他們一頭栽入財富的陷阱中，哪怕含辛茹苦、殫精竭慮過這一生，也要享有眾人羨慕的目光，成為萬眾矚目的驕子。正因這些人的存在，比較風氣才愈演愈烈，拜金主義一度成為社會主流。

端午節期間，劉明帶著一家人去親戚家探親。飯後聊天的時候，劉明談到自己近期準備換房。親戚驚訝問道：「你們住在市中心的富人區，房子又大又敞亮，好好的換什麼？」

看著親戚羨慕的表情，劉明臉上止不住的笑意，他回答說：「孩子剛轉去一所很有名的國際學校，沒辦法，為了他上學方便，只能再買一間了。」

聊天中，劉明又表示想換車，親戚問：「你們不是剛換車嗎？怎麼又打算換車？」

劉明7歲的小兒子搶著回答說：「上次我們班同學開完家長會，他們的父母都開著賓利和保時捷來接他們，我們家的車太差了，太丟臉啦！」

適度的虛榮心能成為你賺錢的動力，但不加節制的虛榮心卻會將你拖入物慾的深淵，無窮無盡的比較與計較會消耗掉生命中的所有熱情。

第五章　自律，是為了讓財富良性循環

馬斯洛需求層次理論將人的需求分成生理需求、安全需求、社交需求、尊重需求和自我實現這幾部分。人們在滿足了低層次的需求後，就會向著高層次邁進。在這個過程中，他們不斷觀望他人，心態逐漸變得扭曲。

而瘋狂地累積財富成了他們平息內心不安全感的唯一手段。可是，對財富越是沉迷，你的精神世界就越匱乏；而精神越匱乏，對財富的占有欲就越瘋狂。這是個惡性循環。

也許你迷戀財富純粹是為了肉體享受，或者是虛榮心在作怪，無論出於哪種原因，都不要忘了大文豪列夫·托爾斯泰（Leo Tolstoy）曾說過的話：「沒有錢是悲哀的事，但金錢過剩則加倍悲哀。」我們要以一顆平常心去面對財富的無常不定，而不要為這身外之物耗盡心神。

在誘惑中守住底線的人，運氣不會差

有人說，生命降臨之初，便被賦予了底線與良知。所謂「金錢有價，道德無價」，良知是上帝的眼，而自律，卻是人類心中的一種尺規。

然而，令人痛心的是，隨著社會發展愈發浮躁複雜，人類的良知正在悄悄發生改變，底線也遭受到了前所未有的挑戰。殊不知，財富是前進路上最大的考驗。能在利益面前守

住良知、在金錢面前把握底線的人，命運都會給予他特別的饋贈。

生活中處處都有底線，能夠堅守底線的人早已將「自律」二字深深刻在心裡，這樣的人過得都不會差。而那些守不住底線的人的人生卻會走向糟糕的結局。工作中要有底線，那些因為金錢誘惑違反職業操守的人，下場都比較慘。常有食安風暴的新聞被爆出，令民眾感到不安，個別商家不惜犧牲多年打造的信譽和老百姓的健康，只為了獲取眼前的利益。

就連綠茵場上，也瀰漫著金錢帶來的黑雲瘴氣。因《米蘭體育報》的披露，義大利足球醜聞（又稱電話門）事件於2006年爆發。這次事件證實了1997－98賽季尤文圖斯搶走國際米蘭的聯賽冠軍的比賽為假球。義大利足協十分重視電話門事件，尤文圖斯、AC 米蘭最後因為醜聞事件一度陷入谷底。

因眼前的利益將底線與良知拋到腦後的人，縱然一時猖狂，卻注定笑不到最後。金錢對你的誘惑力越大，就越得修煉極度自律的心態。記住，你若自律，成功自來。

婚姻、戀愛中要有底線，那些因為金錢而拋家棄子的男人、因為利益而攀附權貴的女孩，除了要承受世人的唾罵外，還得面對內心的孤獨與煎熬。百年前的陳世美便被人痛罵至今。試問，不願付出，何來回報？透過破壞底線得來的

第五章　自律，是為了讓財富良性循環

一切，終歸得向命運如數奉還。

對於普通人來說，金錢始終是繞不過去的話題。有了它，辛苦操勞了一生的父母可以安享晚年；有了它，便可以在熙攘繁華的都市裡提供家人一個早已承諾好的安樂窩。

然而，自律才是實現這一切的法寶。有了自律，你便有了向上攀登的勇氣和恆心，時間會帶你一步步到達你想去的地方。失去了自律，表面上的平步青雲、一步登天讓你此時有多風光，未來就會摔得多慘。要知道底線一開，下一步一定是全線潰退。

別為了金錢背負上道德的沉重的枷鎖，這樣的你，只能收穫一個運氣差到極點的人生。

林慶是一家服裝公司的總經理，他召集公司設計人才，組建了一支「突圍小隊」以應對接下來的時裝大賽。之後，林慶任命自己最信任的助理吳雪為「突圍小隊」副隊長，帶領大家打拚衝刺。不到一個月的時間，「突圍小隊」就完成了一組成品，林慶高興不已。

小組會議上，林慶自信滿滿道：「這組新款時裝極具創意，我相信一定能夠得到評審們的青睞！」

大家熱烈地鼓起掌，吳雪卻心虛地低下頭來。一週後，對手公司舉辦了一場浩大的時裝釋出會。林慶憤怒地發現，對手公司釋出的一系列作品極其眼熟。那一刻，他明白，一定是有人走漏了消息。林慶立刻展開了調查，他與參與「突

圍小隊」的設計師一一進行了祕密談話，又一一排除了他們的嫌疑。查來查去，疑點聚焦到了助理吳雪身上。在林慶的逼問下，吳雪很快將事實和盤托出。原來對手公司的經理知道了他們這次的行動，他找到吳雪，向她開出了一個極其誘人的價格，條件是她必須為他們公司偷出設計稿。

面對吳雪的哭訴，林慶還是冷靜地選擇了報警。同時，他又為這個因為一點利益就將前程輕易葬送的女孩感到惋惜……。

世間萬物都有底線，底線一旦崩潰，就會像倒塌的多米諾骨牌般引起無數可怕的後果。人的心中也存在著無形的底線，它是靈魂的基石，是我們安身立命的保障。唯有高度自律、約束自身行為，面對金錢誘惑依然歸然不動，才能護住人性的珍貴的底線。

貪婪，只會導致後患無窮

「七罪宗」中，貪婪是一種必受懲罰的惡行。而在世界各地的文化中，人們不約而同地認為，過於貪求財富，必然會招致無限苦果。只有對財富的作用和過患認知得足夠深入，拒絕貪婪惡行，始終保持自律，才能防止自己受到傷害。

佛經裡曾記載了這樣一個故事，有一天，弟子阿難跟在佛陀身後，徐徐行走在田間小道上。佛陀突然停下了腳步，

第五章　自律，是為了讓財富良性循環

看著路旁雜草中的黃金，說道：「看，毒蛇。」

阿難想了一會兒，高聲回應道：「果然是毒蛇。」

這時正巧有一對農民父子經過，他們聽見了佛陀與阿難的對話，正覺得奇怪，目光卻突然被路邊那一堆金黃色的東西所吸引。

父親欣喜若狂道：「這不是黃金嗎？」

他頓時生起貪婪之心。他的孩子也拍著手開心不已。父子二人看了看佛陀和阿難，生怕他們會來搶黃金。二人迅速用衣服捲起黃金，飛奔至家中。看著他們的背影，佛陀搖頭嘆息。

幾日後，當父子倆帶著黃金來到市場，想要用它來兌換貨物的時候，他們卻被人告上了官府。原來幾日前，黃金被盜賊從皇宮中偷出，逃跑時丟在路邊，而他們撿的黃金恰恰是贓款。父子二人被官兵「人贓並獲」，堪稱有口難辯。臨刑前，父親悲鳴道：「果然是毒蛇啊！」

有人說，貪婪未必都是壞事，它也可以成為工作的動力。事實上，這種觀點極不客觀。每個人都很容易對財富心生貪念，但是一旦陷入這泥沼，便是萬劫不復。當你利用貪婪，視它為上進的動力的時候，就必須眼睜睜地看著它膨脹、壯大，這其實是種縱容。

貪婪是個無底洞，會將所有的人性吞噬殆盡。曾有研究人員針對來自不同國家的 20 名受訪者做了一系列調查研究，

貪婪，只會導致後患無窮

結果非常清晰：人們對金錢越是貪婪，越有可能在金錢上犯錯，甚至招致無數可怕後果。

對於財富、利益無止境的追逐，使得商家們頻頻販賣假冒偽劣商品，更讓一些普通人做出了傷害別人的行為。歷史上抑或是現實生活中，從不缺乏這樣的故事。貪婪又是這個世界上最可怕的「瘟疫」，只因它來自無知。患上這種「瘟疫」，你便失去了判斷力，像一切目光短淺的人般一味關注短期回報，卻對長遠的收益不屑一顧。很多人一旦對眼前的好處心生貪婪，便無法正確、深入地分析自身處境，常常做出因小失大的事情。稻盛和夫在其著作《活法》中記載了這樣一個小故事，它能讓你全身心地認知到貪婪的恐怖。

秋風蕭瑟，有位路人急匆匆地穿行於山間小道，想要在天黑之前趕回家。突然，他發現腳邊散落著一些白色的東西。路人定睛細看，悚然發現，那竟然是人的骨頭。

路人全身驚顫，極力向前跑去。路的盡頭突然出現了一隻咆哮著的猛虎，他嚇得魂飛魄散，轉身而逃。跑來跑去，路人似乎是迷路了，不知怎的，竟來到懸崖峭壁前。

見懸崖下方是奔騰的大海，後方是凶惡的老虎，路人只得爬到懸崖旁的一棵松樹上，又順著樹枝上的藤條爬了上去。他突然感覺到藤條上方傳來「咯吱咯吱」的聲音，抬頭一看，原來有兩隻老鼠正在啃食藤條。路人連忙搖晃起藤條，想要將老鼠甩下去。

第五章　自律，是為了讓財富良性循環

這時候，大滴大滴的蜂蜜落入了他的臉上、口中。他沉醉於蜂蜜的甘甜之中，竟忘了下方的老虎，主動搖晃起這些救命的藤條來，直到藤條斷裂，他眼前一黑……。

當「蜂蜜」的甘甜引起了你的貪念時，你甚至會主動選擇將自己推入深淵之中。你若無法克服「蜂蜜」的誘惑，必定會犯下無數錯誤，首當其衝的是對財富的盲目投機。

翻開社會新聞版，這樣的故事比比皆是。一些人企圖利用短線操作獲利，結果頻繁被市場打臉，最後只得無奈忍受財富大大縮水的結局；一些人將所有身家押到股票或者P2P理財中，結果股票暴跌，或者P2P公司老闆跑路，多年辛苦一夜間化為烏有……。

想要實現財富自由，你先得放下對財富的貪婪之心，將所有時間和精力用在學習上，實現自我成長。只有這樣，你才能變得理智，逐步認清貪婪的危害。

一些人過分貪婪不屬於自己的財富，企圖繞過努力的過程，直接享受坐擁財富的滋味。所以他們鋌而走險，不惜犯下一些或大或小的罪行，對他人生活、社會穩定造成傷害。然而事實證明，過分的貪心絕沒有什麼好下場。

法蘭西斯・培根（Francis Bacon）說：「不要追求顯赫的財富，而應追求你可以合法獲得的財富，清醒地使用財富，愉快地施與財富，心懷滿足地離開財富。」這是培根給予我們

的建議,也是正確的財富觀。想要破除貪婪執念,先要改變固有思維和觀念,樹立清晰篤定的價值觀,嚴於律己,不斷提高自我人生境界。

奢華並非生活的必要元素

縱觀身邊的自律人士,他們大多優秀而成功。然而,他們卻從未將豪華的生活、將縱情享樂當作是人生唯一的目的,這反而成了自律人士走向成功的關鍵性因素。

作為普通人的我們,首先要追求的應該是自律,是昂揚積極的人生態度,是腳踏實地一步步去努力,是始終堅持正確的人生觀和價值觀,而不是所謂的豪華生活。你若將物欲擺在了第一位,無疑是顛倒了生活的意義。

普通人追求的無非是一種奢華的生活,然而,很少有人思考過這個問題 —— 所謂的奢華生活,一定是你我必須擁有的嗎?

睿智如林語堂,就曾說過這樣一句名言:「生活所需的一切不貴豪華,貴簡潔;不貴富麗,貴高雅;不貴昂貴,貴合適。」可惜的是,現實生活中,很多人的人生格言卻是:「不求最好,但求最貴。」在錯誤觀念的誘導下,你若來不及自救,只會越陷越深。

第五章　自律，是為了讓財富良性循環

　　總結種種現實案例，一個令人痛惋的真相慢慢浮出了水面：這個世界，遲早會懲罰那些不自律的人。而所謂自律，無非是指誘惑到來之時及時「煞車」的一種反應能力。

　　自律是在你承認並接納內心衝動的前提下，以自身利益、未來前途為準，做出的調節與適應能力。如果你心心念念的是一種奢華瀟灑的生活，與其呆坐著做白日夢，或者鋌而走險幻想不勞而獲，不如以其為目標，以日復一日的自律為手段，努力抵達夢的彼岸。

　　渴望未來更好的生活，就得嚴格約束今日的種種行為，這才是正確的做法。從另一個方面來說，誰能斷言豪華的生活一定是人生必備品？

　　古往今來，多少君子、偉人無論身處何時何地，始終能克制內心的欲念，直至從儉樸的日子裡發掘出了閃閃發光的真理；又有多少「屠龍少年」陷入欲望的苦海中遲遲無法掙脫，在權力物欲的誘導下一步步變成當初痛恨的「惡龍」？

　　生活並不一定要奢華，平淡才是真實。衣服再昂貴，能有的直接作用無非是保暖遮寒；房子裝修得再豪華，缺少了人情只會讓你感到冰冷無依。再多的紙醉金迷也抵不上落寞時候的一句問候和孤獨日子裡的相靠相依。

　　生活並不一定要奢華，過得精緻而有質感便已足夠。有時候，油膩、昂貴的美酒佳餚遠遠不如媽媽親手所做的一碗

清湯麵來得舒服、實在。

食材再貴也代表不了什麼，吃得足夠健康，足以寬慰自己的胃。跑車再豪華也只能裝點門面，健身運動卻能拯救你鬆垮的身體和疲憊的精神。

豪華的生活並不是必要的，保持內心的豐饒、富足，便足夠抵擋人世間的風風雨雨。追求豪華的生活本沒有錯，但若不靠著極度的自律、超人的耐性去攀爬、奮鬥，你永遠只能將時間白白浪費於幻想之中。

而在奮鬥的歷程中，你慢慢就會明白，真正有意思的是奮鬥本身的過程，而不是所謂的豪華生活。若將它視為人生唯一的目的地，你會失卻靈魂的厚度與質感，變得膚淺、蒼白而又貧瘠。

強制儲蓄，擺脫月光族困境

很多月光族都沒有理財的概念，他們不加節制地花錢，然後輕飄飄地扔下一句：「沒有錢怎麼理財？」而自律的人卻知道，儲蓄的作用就是讓小錢滾雪球般累積成大錢。後者通常能夠靠著極強的自制力成功實現財務自由，成為人生贏家。

吳巧巧和王宣楠是一對關係親密的好姊妹。宣楠平日十分節儉，每月都會定期存錢。而巧巧卻是個不折不扣的月光

第五章　自律，是為了讓財富良性循環

族，她總是將「做女人就是要對自己好一點」之類的話掛在嘴邊，每月薪資一發，便直奔商場，在櫥窗前流連忘返。

宣楠看不慣巧巧大手大腳花錢的樣子，平日總會嘮叨幾句。巧巧卻不以為意，照樣過著瀟灑的生活。後來，宣楠回到老家，考取了當地的公務員，巧巧則繼續留在大城市打拚。三年一晃而過，兩人的生活狀態相差得越來越遠。

巧巧照例過著月初風光、月末「吃土」的日子，她每天都要對宣楠哭窮：「這個月的錢又花光了，唉，日子好難過啊。」有一次，宣楠終於忍不住和巧巧開誠布公地談起了心裡話，她說：「我們都是普通家庭出身的女孩，賺的雖然不多，可是只要養成每月固定存錢的習慣，對未來也是個保障。」巧巧嘴裡答應，到了第二天，卻將宣楠的話拋到了腦後。

邁入30歲那年，姊妹倆結伴旅行，巧巧吃驚地發現宣楠的薪資雖然比她低，這麼多年來卻有了一筆不菲存款，而自己卻仍然處在「赤貧狀態」，旅行的所有花費都是刷信用卡預支。想起宣楠曾經的勸告，巧巧心裡滿是悔意……。

普通人一般都只領著固定的薪資，為什麼有的人就能做到理性消費，從容不迫？有的人卻因為超支消費過得焦頭爛額？原因緊緊扣在「自律」二字上。

唯有在金錢面前保持高度自律，用強大的意志力管控住自己，才能始終保持精神自由，甚至進一步實現財務自由。遺憾的是，月光族顯然不在此列。

國外的一對夫妻有著一個共同的生活習慣——每天喝一

強制儲蓄，擺脫月光族困境

杯拿鐵咖啡。他們的理財顧問注意到了這個細節後，為他們算了一筆帳：一天一杯拿鐵咖啡，持續三十年的話，大約需要花費 70 萬元。夫妻倆面面相覷，盯著這個龐大的數字久久回不過神來。

後來，作家兼金融顧問大衛‧巴哈（David Bach）根據這個故事提出了一個流傳甚廣的概念──「拿鐵因子」。它指的是人們若能將每日的零散消費聚積起來，在時間累計的情況下，這個數字會越滾越大，直至超越他們的想像。大衛甚至說，靠著自制力，普通人也可以成為百萬富翁。

月光族身上往往背負著沉重的「卡債」，總是奔波在「拆東牆補西牆」的路途中，活得狼狽而迷茫。讓他們陷入這種糟糕境地的，是脆弱的意志力，和一擊即潰的軟弱性格。

自控對於他們而言，彷彿只是一時的行為，失控卻是常有的狀態。因此，月光族想要實現財富逆襲，就一定要鍛鍊自己的自律能力。要知道那些讓人羨慕的成功者，都曾有過這方面的苦練，這是他們能夠超越眾人的原因。

透過長期刻意的訓練，你會逐漸習慣運用意志力來抵抗消費的快感，從此擺脫月光族的稱號，慢慢成長為夢想中的自己。除此之外，月光族的財富逆襲路上，還需注意以下幾點：

首先，牢記「三分之一原則」，將強制儲蓄堅持到底。儲蓄應該是長期的行為，「三天打魚，兩天晒網」最不可取。你

第五章　自律，是為了讓財富良性循環

要做到每個月都往自己的銀行帳戶裡存入薪資的三分之一，絕不為自己留下任何衝動消費的機會。如果你的薪資是五萬元，每月至少應存入 1.5 萬元。

其次，制定理財目標。有的人站在琳瑯滿目的商品前，心理防線容易被擊潰，原因正在於他們缺少清晰明確的理財目標。充斥於他們腦海中的通常是這樣的想法：「反正我也沒多少錢，花光了也不可惜。」隨著自律的承諾屢屢被打破，月光族就此誕生。

為了改變這種情況，你不妨為自己設定清晰的理財目標，比如說兩年之內實現買車夢、五年之內實現買房夢。當目標沉甸甸地壓在心頭，你衝動消費的次數就會慢慢減少。

另外，警惕「小資」的噱頭。在物質繁榮的今天，「小資」成為商家最好的武器。普通的商品經過商家的包裝立刻變得有質感了起來，它們掏空了你的錢包，卻只帶給你虛假的滿足和快樂。月光族們常常陷入這樣的陷阱，而自律的人卻能看清「小資」背後的真相。

最後，月光族還可藉助可靠的理財平臺來完成強制儲蓄。比如說，普通家庭在經過仔細權衡之後，可以購買一些合適的家庭醫療保險。只因個人儲蓄帶有很大的隨意性和不確定性，儲蓄的錢財容易被挪用，而醫療保險的「強制性」則很好地規避了這一問題。

第六章

心態，決定你的人生位置

第六章　心態，決定你的人生位置

心態與人生息息相關

　　智者說：「要麼你去駕馭生命，要麼生命駕馭你。你的心態決定了誰是坐騎，誰是騎師。」一個人成功與否，取決於他的心態。悲觀的人看什麼都是落魄不堪的，於是生活變得越來越糟糕。那些嘴裡嚷嚷著沒錢的人，只會變得越來越貧窮。心懷自律，便能隨時調整自己的心態，始終以充沛的精力、正面的態度去面對人生的挫折。不夠自律的人，卻會任由自己陷入負面情緒的漩渦，自怨自艾，乃至自暴自棄，親手將生活推向不可挽回的境地。

　　美國前總統富蘭克林・德拉諾・羅斯福（Franklin D. Roosevelt）小的時候因為患病漸漸變得孤僻，平日裡總不願跟別人交流。上課的時候，哪怕老師點名提問，羅斯福也不說話，只是低著頭站得僵直。父親見他如此消沉，內心焦慮無比。

　　有一年春天，父親帶回一些樹苗。他將幾個孩子聚集在院子裡，許諾說：「每個人都去種一棵小樹苗，誰種的樹苗長得好，就替誰買一件最喜歡的禮物。」幾個孩子歡天喜地地種起了樹苗，羅斯福越看越覺得自己種的小樹苗模樣糟糕，注定活不長久。

　　他想起樹苗枯死的模樣，難過地走開了，從此再沒有去管它。過了一段時間後，羅斯福經過院子，驚訝地發現屬於

自己的那棵小樹苗竄高了不少,一派枝繁葉茂的模樣。那天晚上,他父親驕傲地宣布,羅斯福在這場比賽中勝出,成為禮物的最終得主。

從那一天起,羅斯福像換了一個人,變得越來越開朗、正面。他依靠著持續不斷的自律與努力,甚至登上了美國總統的寶座。

當羅斯福徹底轉變心態的時候,他原本陰霾重重的生活裡突然布滿了陽光,麻木、消沉、沮喪一掃而空,自信、充實、精采紛至沓來。普通人想要在這喧囂世間生存下去,必得經歷一場又一場激烈的競爭。在這個過程中,不斷有人遭受挫折與失敗的洗禮。腦中若是缺了自律的弦,他們的心態很容易被生命中的狂風暴雨衝擊得四分五裂,就此一蹶不振,變得越來越脆弱。

而自尊自律的人,卻會咬牙忍受那痛苦的時刻,不會任由自己在失敗中頹廢。他們將偏激、負面的想法從腦海中趕走,始終站在樂觀的角度去看待事物,讓身心放鬆下來。

所以說,打倒你的從來不是生命中的疾風驟雨,而是你的心態。

有一位著名的企業家在 50 歲生日那一天被查出了癌症。命運無情地將一張死亡判定書扔在了他的臉上。企業家最終辭去所有職務,默默回到老家,整日消沉頹喪。

第六章　心態，決定你的人生位置

而他的所見所聞，卻漸漸地改變了他的心態。他發現，老家的農人們生活艱難，臉上卻始終洋溢著純樸的微笑；孩子們穿著破衣爛衫，笑聲卻清脆如鈴，有著一股令人嚮往的力量。

企業家突然感謝起了自己的疾病，如果不是它，他根本不知道世間美好的事物如此之多，而生命又如此珍貴。三年過去了，企業家變成了慈善大師。他幾乎走遍了全國所有的貧困地區，在幫助別人的同時，自己也獲得了巨大的幸福感。而他的身體也奇蹟般地好轉了。

你始終繃緊自律的弦，才不會淪為心態的僕人，任由它將你踢入負面情緒的地獄。心態就像一片海洋，愚者葬身其中；自律自省的人卻能直掛雲帆，乘風翱翔。

少了堅韌的意志力，我們很難保證心態不會被沖垮。畢竟潛伏在生活中的困難層出不窮。日常生活中，除了要努力鍛鍊意志力，始終秉持一顆自律的初心外，還得隨時注意調整自己看待世界的角度，如此才能建立良好的心態。

首先，放寬心，不計較。生活中瑣碎的小事實在是太多了，你若事事都放在心上，性格只會變得越來越沉鬱。俗話說：「難得糊塗。」面對一些無關緊要的事情，還是糊塗點好，而不要斤斤計較。不如把心放寬，學會包容，這樣才能和別人友好相處、快樂生活。

其次，一邊做好最壞的打算，一邊向著最好的方向去努力。成功的人行事之前總會做好心理準備。正因如此，他才能以正向平穩的心態去面對一切困難。對於這樣的人來說，哪怕命運給予的選擇再艱難，他們也能保持著從容淡定的姿態，始終遊刃有餘。

最後，不妨多多開闊視野，不斷增長見識。只有賞過高山美景、見過大海遼闊，你才會對個人的渺小有清晰的認知，很多原本糾結的事情在你眼中也變得不值一提。凡事若能看得長遠，心態自然會變得越來越好。

自己對了，世界自然就對了

王陽明說，心外無物。世間萬事萬物都在自己心裡，你心裡溫暖透亮，世界自然光明一片；你心裡陰暗潮溼，世界便變得糟糕至極。

自律的人除了要管好自己的身體，更要管好自己的心。只有內心堅毅的人，才能視外界的紛擾為無物。而心的自律會讓你化為黑暗中的明燈，照亮自己前行的道路。

有一次，王陽明從貴州龍場悟道歸來，踱步於洞庭湖旁的時候，他的學生冀元亨向他問道：「『心即理』是什麼意思？」

第六章　心態，決定你的人生位置

　　王陽明捻鬚微笑，沒有立刻回答。他讓書僮取來一本《戰國策》，書的第一頁畫著一張戰國地圖。王陽明扯下地圖，撕成細碎的紙片，然後遞給冀元亨，讓他重新拼接起來。

　　這是一張戰國初年的地圖，除了七國之外，還有中山、魯、鄒，外加一些少數民族小國。冀元亨搜腸刮肚，花了很長時間，也只拼出了山東六國，他無奈地望向老師。

　　王陽明微微一笑，把紙片交給了書僮，令他繼續拼接。冀元亨內心不以為然，在他看來，這地圖錯綜複雜，小小書僮怎有這本事拼接完整？

　　誰知書僮直接忽略了地圖，翻過紙片，饒有興趣地拼起來。冀元亨湊近一看，原來紙片背面是一幅劉向（《戰國策》作者）的畫像。書僮天真道：「人像拼成時，地圖自然也拼好了。」

　　王陽明問道：「你懂了嗎？」冀元亨剎那間恍然大悟。

　　冀元亨頓悟的道理很簡單：人對了，世界就對了。我們總以為世界是怎樣的，人就會變成怎樣；殊不知人的心態、行為才是改變世界的關鍵。管不好自己的內心世界，就別奢望外界能自動自發地變成你想要的模樣。做不了心的主人，就只能被紛亂複雜的現實牽著鼻子走，慢慢失去方向。極度自律的人會將自己的內心世界打理得井然有序。他們長久地保持著溫暖、安寧的心態，始終穩如泰山。從他們的眼中看出去，天地欣欣向榮，萬物蒸蒸日上。哪怕是失敗、痛苦的

經歷也包含著正向的一面,只因烏雲與暴雨背後,一定意味著彩虹和陽光。

失去了自律,你的內心卻會變得渾濁、糟亂起來。各種陰暗的想法侵入你的大腦,世界瞬間失去了光彩,你的眼睛也只顧著盯住那些骯髒齷齪的角落。

曾經有一本名為《吸引力法則》的書十分流行,裡面的內容提到,世界遲早會接收到從你心中散發出的訊號,然後給你想要的一切。其實是說:這個世界就像一面鏡子,你看到的一切,都是你內心的反映。你怎樣看待這個世界,世界就會怎樣回饋你。

人生就是一個不斷遭遇難題、不斷解決難題的過程。想要改變人生、改變周遭事物,先得從自己做起,迎接痛苦,正面向上,做個情感自律、心態自律的人。

從另一個方面來說,心志不堅定的人很容易受到外界的影響,無法將正確而又正面的想法一以貫之地堅持下去。這樣的人極易崩潰,會因為別人一個懷疑的眼神輕易地否定自己。

殊不知,當你認定對的道路,一往無前地走下去的時候,時間遲早會為你當初的選擇鼓掌。記住,你無須向世界證明自己,只需誠實地面對內心,認真聆聽來自靈魂的聲音。

第六章　心態，決定你的人生位置

在一次世界優秀指揮家大賽的決賽中，交響樂指揮家小澤征爾正在指揮演奏，他突然聽到了很多不和諧的聲音。一開始，小澤征爾完全沒有意識到評審委員會指定的樂譜會出現問題，他以為是樂隊的演奏出了錯誤，立刻做出了暫停的手勢。

又演奏了一遍後，小澤征爾發現那些不和諧的聲音像一根魚刺卡在中間，徹底打亂了節奏。他當場對樂譜的正確性提起了懷疑。誰知道在場的作曲家和評審委員會的權威人士對他這個想法嗤之以鼻，他們堅定認為樂譜根本沒有問題，有問題的是小澤征爾本人。

小澤征爾內心陷入了焦慮之中，有一瞬間，他幾乎相信了他們對自己的看法。正當他想要妥協的時候，心裡冒出了一個聲音：「不！一定是樂譜錯了！」

當他勇敢地說出這句話的時候，評審席上突然爆出了一陣熱烈的掌聲……。

其實，這正是大賽評審精心設計的「圈套」，目的是檢驗指揮家在受到外界質疑的情況下，能否保持內心的堅定。而小澤征爾出色的表現令他最終獲取了世界大賽的桂冠。

無論世界有多複雜浮躁，始終能夠保持自我的人，反而能收穫纍纍碩果。縱觀我們身邊那些自律的人，他們哪怕看遍世事、歷經風霜，始終清者自清。記住，只要你的內心足夠堅定，始終克己自律，眼裡的世界必是夢想中的模樣。

戰勝負面，終結抱怨

　　我們身邊最不缺乏這樣的人：喋喋不休地抱怨著學業艱難、工作不順、婚姻不睦、孩子吵鬧……他們中有男有女，有老有少，看似抱怨的點各不相同，但若你能仔細審視他們，一定會發現這樣一個共通點：他們總是無法做到自省、自律。

　　甚至你自己也可能是一個負面心理爆棚、十分喜歡抱怨的人。你日復一日地抱怨著，直到耗盡生命所有的熱情。殊不知深諳自我管理法則的人根本沒有時間去抱怨。抱怨即使能讓你逞一時之快，事後帶給你的卻是無盡的落寞。

　　馬莉莉幾乎每天都會找學姐吳玲傾訴自己在工作中所遭遇的不公平待遇，一開始吳玲還會耐心傾聽，並給出一些恰當的建議。結果吳玲發現，每一次莉莉都會急匆匆地打斷她的話，迫不及待地將滿肚子的苦水傾吐而出。

　　縱使莉莉身上的負能量嚴重影響到了吳玲，礙於兩人之間的交情，吳玲也只得耐心聽著莉莉的抱怨。見莉莉說來說去都是一些老生常談的事情，她索性不再發表意見，只是點頭附和。有一次，莉莉說著說著痛哭起來，吳玲心煩意亂道：「妳乾脆辭職算了。」

　　誰知莉莉睜大了雙眼，說：「妳的口氣也未免太輕鬆了，職場新人真的很辛苦，我就算找到了別的工作，也得從頭開始努力……」

第六章　心態，決定你的人生位置

　　見莉莉就著這個話題，開始了新一輪的抱怨，吳玲恨不得摀住耳朵。

　　某知名論壇上有一個話題十分熱門：「高度自律是種怎樣的感受？」這個問題引來了大量網友的評論，而其中的一個答案得到了很多人的認同。

　　這位網友說，比起身體自律外，更難的是精神自律。能夠戰勝負面心理，做到不驕不躁不抱怨的人，正是精神自律的代表。很多時候，向身邊的人傾吐負面能量，也是一種讓人難以忍受的惡習。抱怨不休的人，首先是為了爭取別人的認同，並從外界同情中汲取安全感。一方面他們習慣於誇大身上的不幸感，另一方面他們卻又穩坐困境，從未試圖去抗爭、改變。

　　愛抱怨的人還有一種自暴自棄的心理，他們耿耿於懷於目前的窘境，卻又不肯承認自己也需為此擔負一定的責任。於是他們乾脆透過抱怨將一切不幸推到那些阻礙自己的人與事上，以此來告訴別人：我不是不夠成功、不夠努力，而是不夠幸運。

　　如果你也是這樣的人，從現在起，請停止抱怨學會自律，做一個心態樂觀正面的人。如果你任由自己陷入怨天尤人的狀態，只會變得越來越懶散、負面，做什麼都提不起精神。

　　充滿怨怒情緒的話，不要去說；一定會對自己造成傷害

的事情，不要去做。正如班傑明‧富蘭克林（Benjamin Franklin）所言：「我未曾見過一個早起、勤奮、謹慎、誠實的人抱怨命運不好。」抱怨不但不能解決問題，反而會讓事態變得越發糟糕。而負面心理能夠產生的破壞力更是你無法想像的。它會將你人生中的陽光通通遮住，讓你從此與正能量絕緣。

抱怨可謂是人之常情。哪怕再自律的人也曾起過抱怨的念頭。但他們深知，抱怨一定是失敗的開始。所以，他們一旦產生抱怨的衝動，便立刻警覺起來，勒令自己立即反省。

那麼，事事抱怨的你，如何才能改變這種狀態呢？首先，拋棄放縱的藉口，永遠別想著去逃避。很多人頻頻抱怨生活的不如意，卻從不付出行動。他們將自己變成「受害者」，為自己的懶惰、放縱行為找出種種冠冕堂皇的理由。

如果你沉湎於負面情緒裡，那股怨氣會削弱你身上所有的激昂銳氣。你只會變得越來越窩囊、越來越喜歡抱怨。不如從此刻起，將毫無意義的抱怨轉化為真實的行動。

其次，轉移注意力，用正向思維替換負面思維。不停抱怨的你，身心都會被那些負面事物所吸引。不如及時轉移注意力，多去挖掘生活中美好的事物，同時轉換正向思維。

當你心中響起一堆抱怨話語的時候，不要急於將它說出，轉動腦筋，嘗試著換一個方法說出來。比如說，當你看

到房價上漲,想要抱怨丈夫懶惰怠工,不夠積蓄買房時,不妨換個說法:「有錢才能買房,但前提是一定得努力工作。這是我們共同的責任。」

比利時諺語「跳舞不好的人,總是抱怨鞋子」點出了所有愛抱怨的人的特點:嚴格要求別人,卻寬鬆對待自己。與其喋喋不休地抱怨,將自己與別人的生活攪得一團糟,不如嘗試給大腦正向的暗示,並以樂觀的心態去面對一切,這樣生活才能重歸正軌。

樂觀為人生注入正能量

人們總說性格決定命運,意思是說一個人的性格特質會對他的行為產生巨大的影響。樂觀作為人類的性格特質之一,在我們的成長軌跡,乃至命運走向中扮演著重要的角色。

如果你始終保持著樂觀的情緒,會更有興趣、精力去面對生活中的未知,哪怕遭遇挫折也能保持昂揚的鬥志。如果你生性悲觀,整日裡無精打采,生活便被籠罩上一層厚厚的陰霾。後者很難真正快樂起來,連帶著身邊的人也受影響。

有一天,馬丁・賽里格曼(Martin Seligman)與5歲的女兒尼奇在花園裡播種。賽里格曼雖然撰寫了大量的以兒童為

主題的著作，但實際上他平時和孩子相處的時光少得可憐。他實在是太忙了。

此時，賽里格曼急著去完成寫作任務，尼奇卻一直纏著他，想要他陪自己玩耍。賽里格曼挖開泥土，讓女兒將種子撒入土中。尼奇卻手舞足蹈，將種子胡亂撒向半空。

賽里格曼不高興了，嚴肅教育女兒不要玩鬧。尼奇噘著嘴，委屈地站在一旁。過了一會兒，她蹦蹦跳跳地跑過來，對賽里格曼說：「爸爸，我能與你談談嗎？」

賽里格曼點點頭。尼奇滔滔不絕地說起來：「爸爸，你還記得我剛剛過5歲的生日嗎？從3歲到5歲，我每天都在說這個不好、那個不好。可是等我過5歲生日的時候，我決定要變得更樂觀開心一點，這簡直是我做過的最困難的決定了。」

賽里格曼愣了，尼奇問道：「如果我變得更開心，您可以不再像以前那樣總是板著臉嗎？」

一句話點醒了賽里格曼，他突然想起過去五十年間，他一直生活在陰暗的氛圍中。每天他都很不開心，可是從這一天開始，他決定敞開心扉，讓正面樂觀的情緒成為自己心靈的主導。後來賽里格曼提出了「正面心理學」的理論，影響了很多人。美國服飾品牌－ Life is Good 從成立之初，就一直秉持著這樣的設計理念：「生活並不完美。生活並不容易。但生活始終是美好的。」那些曾跌落谷底卻一直懷抱樂觀精神的人給了創始人約翰雅各布（John Jacobs）和伯特雅各布（Bert Jacobs）最大的啟示，他們認為，只有將樂觀的力量傳遞下

第六章　心態，決定你的人生位置

去，才能迎來一個更美好的世界。為此，約翰和伯特建立了「Life is Good 兒童基金會」，專門用來幫助那些身處黑暗逆境的孩子。

來自多倫多的創意公司——The Garden——為了讓人們更直觀地感受到樂觀的力量，創造了一臺特殊的「樂觀力量機器」。透過這臺機器，但凡參與者心中湧起正面樂觀的情緒，面前的水龍頭開關就會被打開，自動接滿一杯水。

我們都聽過這樣一個故事：悲觀的人看見半杯水，會抱怨「為什麼只有半杯水」，而樂觀的人卻歡呼雀躍「幸好還有半杯水」。「樂觀力量機器」的發明者正是受了這個故事的啟發，他說：「正面的思考能夠影響你的心理健康，但我們希望證明樂觀可以帶來物質上的好處。」

樂觀的人凡事都往好處想，對未來始終充滿了期待。這樣的人每做一件事前，都信心滿滿，不會預設那麼多無法克服的困難，更不會被自己的想像所打倒。

樂觀的人哪怕倒楣的時候，也會安慰自己說「未來所有的厄運已經被我預支一空，接下來的全部都是容易的生活了」。他們在人生谷底之時，每向前一步都會為自己加油打氣「沒有比這更糟的情況了，以後會越來越好」。

樂觀的人會正面體驗未知的人生，大多懷有「走出去」的勇氣。而自卑、悲觀的人卻始終蜷縮在自己的「一畝三分田」

裡，對眼前的機會視而不見。與前者相比，他們的人生更加枯燥、無趣，少了很多色彩。

吳俊和吳明是一對雙胞胎，奇怪的是，兩人性格截然不同。哥哥吳俊性格內向，比較悲觀，弟弟吳明卻是個天生的樂天派。12歲那年，家人為兄弟倆過生日，並為他們準備了不同的禮物。吳俊收到了一個精美的拼圖，吳明卻只收到了一張明信片。

拆禮物的時候，吳俊的表情慢慢變得不開心起來，委屈道：「這麼大的拼圖，我要拼到什麼時候啊？我會很累的！」

吳明卻仔細端詳著明信片，興奮地說：「爸爸，這是巴黎艾菲爾鐵塔吧，你是準備帶我去這裡旅行嗎？」

爸爸笑瞇瞇道：「等你長大了，你可以自己去哦。」

吳明一蹦三尺高：「那太好了，真想快點長大啊！」

事後，爸爸擔憂地對媽媽說：「哥哥性格太嬌氣，人生之路也許不會那麼順利。」

果然，兄弟倆長大後走上了不同的人生道路。吳俊畢業後在大城市屢屢受挫，沒過幾個月就回到了老家，做著平庸的工作。吳明卻走南闖北，始終有著一顆不安定的心。後來，他創業成功，年紀輕輕就做了一家網路公司的老闆⋯⋯。

詩人拜倫勳爵（Lord Byron）說：「悲觀的人雖生猶死，樂觀的人永生不老。」正面的情緒能夠提高人的韌性，這樣的

第六章　心態，決定你的人生位置

人也更容易獲得成功。在平日生活裡，凡事都要想想自己有什麼，而不是沒有什麼。盡量隔絕負面情緒，為自己的人生注入正能量。

不要跟他人比幸運

總有人在潛意識裡認為那些優秀者們成功的原因在於時勢造英雄。可是你有沒有想過，為什麼這幸運不曾落到你的頭上呢？究竟你的失敗是因為你起點低、背景差，還是因為你懶散墮落，視自律為空氣？

永遠不要和別人比幸運，你該比的是自律的程度，是堅持的力度。

許熙就職於一家機械製造公司，入職六年來，他始終得不到晉升的機會。然而，和他同時進入公司的王建國卻早在三年前被提拔為設計部的主任。

許熙對此憤憤不平，他到處和人說，王建國只是走了狗屎運而已。這些話傳到了王建國的耳裡，他卻只是笑笑，並未放在心上。

這一年，公司應徵來了一批新人，大部分能力都很強。瞧見新人們忙忙碌碌的樣子，許熙及其他幾個老員工總是聚在一起笑話這批新人太呆板，不懂得偷懶。

有一天，王建國突然將老員工們叫進了會議室，嚴肅

道:「你們再這樣下去,就會被新人取而代之了。」老員工們不由得面面相覷。

王建國向許熙問道:「你四處對人說,我的運氣比你好一點,才當上了主任,我不相信你不知道真正的原因在哪裡。」

見許熙的臉紅一陣白一陣,王建國嘲諷道:「等到你被公司掃地出門,新人坐上了你的位置,你還要將自己的失敗歸結為新人的運氣比你好嗎?」

生活是一本難唸的經,每當工作遇到阻礙或者創業頻頻碰壁的時候,總有人會將自己失敗的原因歸結為缺少運氣,卻不曾嘗試著從自身尋找原因。

在你與別人比運氣之前,首先弄清這個問題:真正的幸運是建立在實力之上的。而那寥寥無幾、沒有實力做基底的幸運根本無法長久保持下去,風一吹就散。那麼,實力從何而來?是日復一日的自律,是堅持到底的勇氣。與其妒忌他人的成功和運氣,不如學習他們自律的精神。幸運之神只會青睞真正腳踏實地去努力的人。

幸運是失敗者的藉口。他們總是在哪兒跌倒,就躺在哪兒,一邊抱怨失意的現狀,一邊豔羨他人的成功。他們看不到成功者背後的努力,只盲目地渴望運氣能砸在自己頭上。

幸運又是成功者的謙辭。這樣的人不會因一時的失意而一蹶不振,更不會因為一時的運氣而故步自封。他們在一段

第六章　心態，決定你的人生位置

段奮鬥的旅途中變得愈發堅強、自律，從未有過縱情享樂的時刻。運氣，對他們而言，是努力之後必會擁有的收穫；失敗，卻是人生的「強心針」、「清醒劑」。

沒有誰比你更幸運，他們不過是比你更有毅力罷了。古往今來，那些成功者的手下敗將可能更聰明、更強壯；資金更雄厚、更有威望。他們失敗的原因不在於不幸運，而在於缺少毅力。

年輕人總得經歷彎路才能成長。普通人更得經過千錘百鍊才能成材。唯有堅持才是幸運的敲門磚，唯有自律才是奇蹟的推進器。

張軒大學畢業後和同鄉室友胡明回到老家，兩人湊了一筆錢在故鄉開了一家民宿。民宿周邊人流量較大，唯一不理想的是它周邊圍繞著三家飯店。張軒觀察了很長時間，心裡有了決定。他告訴胡明說：「如果我們能擊敗其他對手，絕對能賺大錢。」

誰料三個月過去了，民宿生意十分慘淡。胡明沮喪至極，整日睡到日上三竿才起，到了民宿就坐在櫃臺玩手機。張軒十分看不慣胡明的墮落，兩人大吵一架後，胡明選擇了撤資。

張軒咬牙扛下了重擔，為了改變現狀，他一邊動腦筋，策劃起各種行銷活動；一邊親自處理民宿大小事務，事事親力親為。半年後，生意漸漸好了起來。

張軒的特色民宿慢慢有了名氣，旁邊飯店的生意卻一落千丈。有兩家飯店見利潤微薄，主動退出了競爭，而第三家酒店最終將生意轉讓給了張軒。沒出幾年，張軒已經成為家鄉裡知名的企業家。而胡明的生活卻不見起色⋯⋯。

胡明與張軒曾站在同一起點上，結局卻截然不同。是因為他比張軒少了點運氣嗎？答案是否定的。要知道幸運向來是可遇不可求的，張軒的幸運來自他幾年如一日的自律與堅守。可見，堅持就是勝利，這句話不單單只是一句口號而已。

永不放棄希望，即使一時失敗

老人們常說「留得青山在，不怕沒柴燒」。只要生命還在繼續，一切都還來得及。無論你放棄什麼，也永遠不要放棄希望。

記住，生活就是「逢山開路，遇水架橋」。只要不放棄，哪怕身處絕境之中，也能等到「柳暗花明」的轉機，何況只是暫時的挫折與失意。

克莉絲蒂娜・拉加德（Christine Lagarde）大學畢業的時候，準備進入巴黎政治學院繼續深造。為了能成為該學院的學生，拉加德十分努力。然而，她卻沒有順利透過選拔。

171

第六章　心態，決定你的人生位置

拉加德傷心極了，很長一段時間裡她都走不出這陰影。母親知曉這一情況後，特意將她接回家休養。拉加德整日躺在後院的躺椅上，鬱鬱寡歡。

後院裡養了一群雞，有隻母雞剛孵出十幾隻小雞。時間久了，拉加德發現一個奇怪的現象：母親花了很長時間在雞窩旁邊堆了一條小土坡，坡長約 10 米，高 1 米。每次，母親拿米粒餵小雞的時候，從不會將米粒全部撒出去，總是在地上撒一點米，再向前走幾步，再撒一點米，慢慢將小雞引到土坡上來。拉加德發現，一開始，小雞還搖搖擺擺、步履蹣跚，之後卻變得越來越靈活、越來越快。看到拉加德疑惑不解的樣子，母親解釋道：「小雞目前能力有限，只有一步步引導，牠才能慢慢達到目標。正如目前的妳一樣，只有一步一步往前走，才能實現夢想。」

母親頓了頓，又道：「人生之路充滿了挫折與艱辛，不能因一時的挫折就憂鬱頹喪。」

從那以後，拉加德重新振作起來，她腳踏實地地向前走去，終於在 2011 年成為國際貨幣基金組織的總裁，創下了一番傲人的事業。永遠不要因暫時的挫折就一蹶不振，甚至放棄所有「生」的希望，將自己逼向牆角。只因那些讓你萬分為難的坎，反而是人生的轉捩點。有人說，人在谷底之時，往往能迎來絕地重生的機會。換個角度去看待世事，你會發現，逆境不是命運的不公，它也許是上天為你設定的考驗，只要你經受住了這打擊，成功將指日可待。你若此時放棄希

望，等於放棄了重新開始的機會。

那些暫時的失意與痛苦，是塑造人格的絕佳機會，而這也是成功的必經途徑。正如某位企業家所說：「我常告訴那些愛情的追求者，不要因為被拒絕就不再表達自己的愛情；我也告訴那些創業者，不要因為失敗就不再追求自己的事業。」

他讓年輕人謹記：不要因為連續下幾天雨，就認為太陽再也不會出來。一次失敗代表不了什麼，哪個成功人士背後不曾經歷無數辛酸的旅程？

成功不是一蹴而就的。值得你一路奔跑，永不鬆懈的目標永遠高懸在山頂，讓你無法輕易摘取。只有跨越千山、踏遍荊棘，你的人生才圓滿。

記住，每個人都將擁有屬於自己的機遇，但它們未必會出現在同一時期。你需要耐心等待，默默蓄力，確保機遇來臨的時候能以最好的狀態去迎接、挑戰。

想將一個目標堅持到底，是一件萬分艱難的事情。誰都想享受毫不費力的人生，所以成功者始終是鳳毛麟角。大多數人只見到了眼前的滾滾濃雲，卻忘了烏雲背後必定藏著陽光。

對於身懷夢想的年輕人來說，掙扎徘徊、徬徨迷茫都是常有的狀態。但只要一直在路上，就不要畏懼意料之中的挫折與困難，更不要丟失重新開始的勇氣與決斷。

第六章　心態，決定你的人生位置

在困難的時候，抓住任何可能

在有限的人生旅途中，我們可能會遭遇層出不窮的困難、挫折、失敗與坎坷。脆弱膽小的人面對困難，會埋怨自己的出身、會懷疑自己的能力、會想盡一切辦法去逃避。

而堅強自律的人卻視困難為通向幸福的必經途徑，他們不會任由自己頹廢，反而會想盡一切可能去拯救陷於困境的自己，始終凝心聚氣，砥礪前行。

八月的一天夜裡，老秀才談遷像以往一樣，就著微弱的燈光看起了書。看著看著，他突然覺得頭暈目眩，周身不適。談遷嘆了口氣，收起書本，躺在床上昏然入睡。

豈知一名小偷正躲在屋外的棗林裡，見屋內燈光熄滅，小偷躡手躡腳地溜入談遷家裡。他環顧四周，目光落在了床頭的箱子上。小偷抱起箱子逃出屋外，鑽入棗林，消失得無影無蹤。他並不知道，自己偷的並不是什麼值錢的物事，而是一疊手稿。

原來，談遷年輕的時候嗜書如命。他博覽群書，最感興趣的是歷史，特別是有關明朝的史事。但他發現當時並無一本史書能夠如實地反映出明朝興衰，於是決定親自編纂出一本可靠的國史，留給後人觀閱。他辛苦了二十多年，終於完成了一部一百卷的《國榷》初稿，誰知一夜之間竟不翼而飛。談遷大哭一場後，竟然決定從頭開始，再次踏上奮鬥的征程⋯⋯

在困難的時候，抓住任何可能

　　年過半百的談遷一夜之間失去了二十多年的心血，這對於任何人而言都是難以承受的打擊。而他卻決定再一次從零開始，重新出發。若非自強自律，他早已敗在了挫折面前。

　　這之後，談遷一面找來不同的史書作為參考，一面奔走於嘉善、歸安、吳興等地，親身收集史料。為了驗證史料的正確性，他不顧年事已高，帶上書稿千里迢迢奔赴北京……。

　　歷史學家談遷一生的治學艱辛讓後人們敬仰不已，而他的《國榷》已經成為著名的編年體史書之一。若你我在困難面前，也能如談遷老先生一般堅忍頑強，哪怕最艱辛的日子裡也保持著高度的自律，想必無論遇到多大的困難都能迎刃而解。

　　成長路上，跌倒屬於常事。遇到這種情況，有的人第一反應是趴在原地，哭鬧不休、怨天尤人。如此一來，阻礙他們前行的問題卻也被無限期地拖延了下去。

　　另一些人卻沒有時間去沮喪絕望，他們前仆後繼，左右突圍，努力尋找著讓自己重新站起來的方法。這樣的行為若是落在了不明就裡的人眼裡，往往只能迎來垂死掙扎的嘲諷式的評論。然而，事實一再證明，只有這樣的人才有機會登上高峰，遍覽風景。

　　這其實是在說，意志力薄弱的人遭遇一點打擊，便一蹶

第六章　心態，決定你的人生位置

不振、潰不成軍，逃避成了他們唯一的選擇；而自律的人卻永遠不會認命，無論經歷何種境遇，他們始終堅信困難只是暫時的，若一味逃避，卻可能讓眼前的困境無限期地延長。

要知道天大的困難都有破解之法，關鍵在於你有沒有想盡一切的可能。作為普通人的我們，只有撲入自律的懷抱，拒絕逃避的陷阱，才能在生活的迷霧中迎來勝利的曙光。

實際上，人生就是一串又一串的困難連起來的。不想成為生活的失意者，平日裡別忘了加強自我修養、加強自控能力；困難到來的時候更要迸發出雙倍的勇氣，努力尋找自救的方法，不放過一切可能性。記住，你的心態決定你的未來，千萬不要還未嘗試便輕易放棄。

第七章

調節情緒，對內而非對外抗爭

第七章　調節情緒，對內而非對外抗爭

倦怠：放鬆身心，找到堅持的動力

「三天打魚，兩天晒網」的人常常會產生倦怠的情緒，他們總是抱怨說：「為什麼我工作起來總是提不起精神呢？」生活對他們而言，彷彿毫無意義。

而真正自律的人即便有過倦怠期，也能夠及時擺脫這種情緒的束縛。他們懂得如何去鬆綁身心、如何尋找堅持的理由和動力。

周霞從事銷售工作，入職之初，她面對客戶的時候總是開朗熱情，做事也格外俐落，深受上司好評，豈料前段時間她卻因為工作拖延，頻頻抗拒客戶要求等原因被上司處分。

這件事讓周霞頗受打擊，從那以後她的心情變得越來越糟糕。無奈之下，她找到了自己的主管尋求幫助。主管一針見血地指出：「我注意到妳入職之初是很積極努力的，可惜這種工作態度沒有保持下去。當然，我理解，誰都有累的時候……」

說到這裡，主管話鋒一轉，繼續道：「但對於真正自律的人來說，情緒問題不足以成為困擾。對待工作，妳越是偷懶懈怠，成就感就越是不足，長此以往，只會變得越來越倦怠。而自律的人的『累』單純只是因為工作壓力大而已，一旦他們見到回報，這疲倦自會消失……」

想要解決情緒問題，首先要學會情緒管理。情緒管理的前提是完全理解並接納自己的情緒，在這個基礎上理性地思

考情緒產生的原因,從源頭出發、調整、控制自己的行動。

對生活產生倦怠、疲憊感,很有可能是因為你始終處於一種萬年不變的狀態中。就好比一成不變的飲食習慣,很容易讓人喪失對美食的興趣;日復一日的生活,也很容易奪走你的熱情。生活機械地旋轉,沒有停歇,你感到越來越無所適從。

而職業倦怠的成因則更加複雜。1974 年西格蒙德・弗洛伊德(Sigmund Freud)提出,某些助人行業中極容易出現某種情緒性耗竭的症狀。隨後亞伯拉罕・馬斯洛(Abraham Maslow)等人提出一種名為「職業倦怠」的心理綜合症。

當個體不能自如應對工作壓力時,會產生一種極端的情緒反應,而這種負面反應及「情緒衰竭狀態」必然會影響到個體的行為和選擇。這是典型的職業倦怠。

當你在一份工作中沉浸多年,長時間背負壓力前行時,倦怠自會慢慢產生;當你過著庸庸碌碌的日子,看不到未來希望的時候,倦怠感會油然而生;當你人到中年,即使有了不錯的職業發展,卻突然迷失了前行的方向和動力的時候,你一定會追問生活的意義。

無論是缺少自我驅動力或者外界驅動力,都會讓你產生懈怠情緒。換一種說法,你的「成就感帳戶」極有可能出現了虧空。而導致這一問題的原因,正在於你不夠自律。你的三分鐘熱度只會讓你與期望中的結果越來越遠,成就感也會變

第七章　調節情緒，對內而非對外抗爭

得越來越低。

心理學家丹・艾瑞利（Dan Ariely）曾做過這樣一個實驗，首先他為參與者們提供了一個打工機會：透過堆樂高機器人來賺錢。堆好一個機器人將獲得 3 美元的報酬，堆好第二個則是 2.7 美元。艾瑞利事先宣告，報酬會越來越低，參與者若是覺得不划算，隨時可以停止。

參與者被分成兩組 —— A 組參與者的材料很多，可以一直堆下去；而 B 組參與者所擁有的材料有限，只能拿來堆兩個機器人。當他們堆好一個，工作人員會當面拆掉，於是他們就陷入一種「無意義勞動」的循環中。最後，兩組完成的數量比是 11：7。

實驗結果讓艾瑞利頗為震撼，他總結道：當人們能明確感知到自己的工作成果的時候，他們能一直保持著工作動力；當人們毫無成就感的時候，工作積極性則大大降低。

由此看來，成就感才是解決倦怠情緒的關鍵。加強自律，增強你的成就感，情緒倦怠問題便不復存在。

首先，轉換思維，嘗試自我獎勵法。制定一張「獎勵清單」，完成預期行為後對自己進行獎賞，調動自我正面情緒。當然，大量實踐證明，精神獎勵起不到多大作用。

你可以將普雷馬克原理應用到這個過程中，即用自己喜歡的事物來強化自己抗拒的事物，為自己設立相應的實質性

獎勵。比如說，運動了兩小時，就獎勵自己玩一小時的手機。

其次，實行自我監控法。制定一張詳細的「行為表」，如實記錄下一天的活動日程，包括拖延、分心等負面行為，這有利於我們直觀感受、全面分析自己的工作狀態。

同時，根據「監控」得來的回饋資訊，整理出一套屬於自己的「程式化應對手段」。如果自己的狀態不對勁，要學會及時調節、排解情緒。

另外，你還可以為自己設定一個「成就感儲存罐」。如果生活缺乏動力，那就為自己找找樂子，每天都要在想像中的儲存罐裡存一點成就感進去。久而久之，你會在未來的某一天裡驚喜地發現，原來自己已經走了這麼遠。

除了以上方法，當下解決情緒倦怠的最有用的方法是立即休息，鬆綁你的身心。對於精神緊張的現代人來說，負累太久而不懂得排解，一定會被壓垮。懂得一套行之有效的「心理按摩法」，準時休息，可以安撫我們躁動不安的神經。

休息的方式各式各樣，你可以完全放鬆自己，大睡一覺，也可以去看書、去聽舒緩的音樂。你還可以看一部有趣的電影，大樂一場，也可以來一場「慢旅行」。記住，哪怕你是「金剛」，也有承受不了的時候。除了要適當休息外，更要努力尋找堅持下去的動力和理由，這樣工作起來才更有幹勁，生活也變得更有目的和意義。

第七章　調節情緒，對內而非對外抗爭

憤怒：冷靜下來再做決定

有一句話是這樣說的：「滾水看不清倒影，盛怒看不見真相。」這背後蘊含著深刻的含義。只因人在盛怒之時做出的大部分決定，往往會害了自己。

陸軍部長愛德溫・史坦頓（Edwin Stanton）曾在與亞伯拉罕・林肯（Abraham Lincoln）會面的過程中提起某位少將。史坦頓說，這位少將總是在外散布謠言說他私德有虧、包藏禍心。史坦頓越說越生氣，怒道：「這個人實在是太過分了，他的那些話對我而言是侮辱！」

見史坦頓惡狠狠地捏起拳頭，氣得額上青筋暴起，林肯沉聲建議道：「不如寫信好好痛罵他一頓。」史坦頓點頭同意，他第一時間找來信紙，花了半小時寫了一封措辭極其尖刻的信，寫完後又讓林肯從頭到尾讀了一遍。

林肯連連點頭，道：「很痛快，真是出了一口惡氣呢！」

當史坦頓將信折好塞進信封，正準備讓人送出去的時候，林肯及時攔住了他。見史坦頓疑惑不解的樣子，林肯微笑道：「這封信已經發揮了它真正的作用，此時應該燒了它。」

林肯解釋說：「這封信本來就是用來發洩你憤怒的情緒的呀，如果你將它寄出去，說不定會鬧出怎樣的衝突來呢。既然你已經冷靜下來了，請將它燒掉，再寫第二封信吧。」

憤怒：冷靜下來再做決定

據傳林肯在憤怒的時候寫的信，都會立即燒掉，絕不會流傳出去。正是這種自律與理性，才造就了他傳奇、偉大的一生。

每一個自律的人，都有著極其高超的情緒管理能力。佛洛伊德曾用「馬與騎手」來比喻憤怒的情緒與理智之間的無休無止的衝突。作為一名出色的騎手，最大的優點是：從來不會在憤怒的時候做判斷、下決定。只因他知道，真相往往隱藏在盛怒情緒之後。

歷史上，有很多因一時之氣而將此生斷送的人，令人惋惜不已。拿屈原來說，千年前，楚頃襄王聽信奸臣讒言，將屈原放逐湘南，後者一氣之下投了汨羅江。

屈原的氣節千古讚頌，之後的結局卻是可悲可嘆。隨著楚國朝中如屈原這般清正廉潔的大臣越來越少，君王變得越來越昏庸，楚國的領土也一天比一天縮小，最後終於為秦國所滅。

到了現代社會，這樣的事情充斥在普通人的生活裡，更是不勝列舉。被憤怒沖昏頭腦的人將應該背負的責任和種種現實情況拋到了腦後，輕易做出決定，事後又後悔不已。

某社會調查顯示，很多刑事案件背後，都站著一位在盛怒之時管控不了自身情緒的犯人。他們任由怒氣傾瀉而出，直至雙手沾滿了罪惡。記者採訪這些犯人的時候，讓人印

第七章　調節情緒，對內而非對外抗爭

象最深刻的是他們臉上絕望的表情和顫抖的話語：「如果當初……」。

如果當初理智占了上風，怎會一而再再而三地發生悲劇？因生氣做出錯誤決策的事，很多人都曾經歷過。他們中有的人付出了慘痛的代價，有的人幸運地逃過了懲罰。如果你是後者，別慶幸得太早，只因幸運之神不會永遠垂青於你。唯有自律，你的一生才不會偏離軌道。

劉浩在兒子18歲生日的那一天，向他講起了一個故事。劉浩說，他小時候養了一隻名為「大黑」的狗，聰明而忠誠，陪伴年幼的他度過了很多孤寂的歲月。

有一天，父親做農活回來，見劉浩躺在院前的地上奄奄一息，身上有很多撕裂的傷口。那隻黑狗嗅著劉浩受傷的手臂，喉嚨裡發出低低的聲音。父親定睛一看，黑狗嘴邊帶有血跡。他勃然大怒，抄起扁擔向黑狗打去。那天他足足打了一個多小時，最終將黑狗活活打死。

兒子迫不及待地插嘴道：「後來呢？」

劉浩眼裡蓄滿了淚水，良久，他低聲說：「實際上那天咬傷我的是一隻流浪狗，是大黑拚死撐走了流浪狗，將我救了下來。」

那時候劉浩蹣跚著爬起，想要向父親解釋事情的真相，可是盛怒至極的父親根本顧不上理會他。而父親暴打黑狗，用牠來發洩怒氣的樣子，成為劉浩最可怕的記憶。

劉浩嚴肅地對兒子說道：「我想告訴你的是，無論多麼生氣，都不要輕易做出決定，否則只能留下無可挽回的遺憾。」

人在生氣的時候意志力是最薄弱的，情商也會降至零點。這時候我們說的話、做的事唯一的目的是發洩怒氣，極有可能不是出於本意。

縱觀身邊的那些自律者，他們厲害的地方正在於他們從不會在生氣的時候做決定。只因當我們被憤怒矇蔽了雙眼的時候，便已埋下了悲劇的種子。

不滿：收斂敏感與苛刻

生活中我們經常能遇到這樣的人：性格太過於敏感，會因為別人一個眼神、一句話就耿耿於懷，情緒起伏不定。如果你也有類似的「症狀」，請及時告訴自己：你對外界事物的反應正是你內心的投射，如果你覺得這個世界都對你充滿惡意，問題一定出在你自己身上。

韓梅很愛美，也很自卑，偏偏自己眼睛偏小，身材微胖。每逢身處公共場合，她都很在意別人的目光。幾乎每一次，她都會覺得別人眼神異樣，這讓她極其不舒服。一次大學同學聚會的時候，同桌石磊開了幾個不痛不癢的玩笑，韓

第七章　調節情緒，對內而非對外抗爭

梅的情緒一下就「爆」了。她衝著石磊大喊大叫，質問他為什麼瞧不起自己，之後趴在一邊痛哭起來。

見她反應激動，大家面面相覷，悄悄散了。韓梅意識到了自己的問題，對同一宿舍的張穎傾訴道：「為什麼我感覺每一個竊竊私語的人都在說我的壞話呢？大家是不是都很討厭我？」

張穎吞吞吐吐道：「妳太敏感了，即使大家真的不喜歡妳，也是因為這個原因。」

張穎說，韓梅總是「怨天怨地」，或者無緣無故地誤解、咒罵別人，整個人隨時處於戒備狀態中，讓人不敢接近。

見韓梅又委屈起來，張穎忙不迭道：「其實妳很優秀啊，功課好，為人上進，如果妳能改掉這個毛病，一定會很受歡迎的。」

現實生活中，一些人會比另一些人更敏感。心理學家伊萊恩·阿倫（Elaine Aron）針對高敏感人群進行了相關研究，她發現，美國人中的高敏感人群占據15%～20%，他們與周圍的人截然不同。而這一群體通常有著以下特徵：一、感知能力強。對生活細節有著常人難以企及的敏銳度，他們總能發現一些極易被人忽視的點。二、情緒察覺力高。他們能夠及時察覺到自己的內在情緒狀態。但是，他們的情緒感應越強烈，就越容易放大情緒，乃至走入某種極端中。過多的資訊、情緒和感知讓高敏感人群的創造力和同理心遠遠優於常

人,然而,當他們將這些特徵用於人際交往中的時候,反而會帶給別人困擾。原因如下:

(1)高敏感人群的內心總是承受著更多的負面情緒,比如說痛苦、壓力、焦慮,當他們被自身情緒淹沒的時候,為了找到出口,他們會將這些負面情緒轉移到他人身上。

(2)高敏感人群由於感知力突出,通常會對事物的細節極其關注,甚至會達到挑剔、苛刻的地步。這種不健康的完美主義傾向等於在他們的人際交往中埋下了一顆「炸彈」。

在社交場所中,高敏感人群極易受到周圍氣氛的影響。當他們處於和諧的環境中的時候,他們會變得正能量十足;當他們處於負面環境中的時候,他們會變得十分苛刻,充滿攻擊性。現實是,哪有一成不變的、永遠充滿愛意的生活和工作環境?

成長過程中,你必定會受委屈,必定要經受一些不開心、不圓滿、不如你意的事情。如果你太過敏感,事事都要計較,動不動就生悶氣,或者又哭又鬧,受傷的終究是你自己。

況且,很多事情根本就是你自己幻想出來的,你的「玻璃心」讓你覺得周圍的人都是敵人,於是你無時無刻不豎起耳朵,觀察著別人的一舉一動,浪費了自己的時間和精力不說,還對別人的正常生活造成了干擾。其實大家都忙著走自

第七章　調節情緒，對內而非對外抗爭

己的路，哪有空去關注你？

如果你的人生隨時都處於高度敏感之中，總有一天，你的朋友會遠離你，你自己也會因為這陰暗、憂鬱的生活變得越來越難以解脫。想要改變這種狀態，嘗試著做到以下幾點：

首先，進行冥想練習。當你在某一場合中感受到情緒壓力的時候，先別急著爆發，嘗試收回所有對外界的注意力，集中於自己的內心世界。冥想幾分鐘，再回到現實世界中，這時候你會發現，你之前的不滿、沮喪、痛苦完全是不必要的。

其次，及時溝通，解釋誤會。若別人的一句話、某個舉動引起了你的懷疑與敏感，對他們發火，或者默默憋在心裡都不是解決問題的辦法。你可以和對方開誠布公地談一談，注意口氣要委婉和善。只要能做到及時溝通，你的人際交往障礙會少很多。

另外，一定要逐步培養自己的自信心。很多人的敏感正是源於自卑，所以他們才過分在意別人的看法。這種情況發展到最後，你會對整個世界都產生懷疑。

凡事大膽一點、自信一點，將自己的長處發揮至極限，你也就沒有多餘的時間去疑神疑鬼了。當你對自己、對未來充滿信心的時候，那點敏感陰暗的小心思早已消失得無影無蹤。

任性：感情用事引發錯誤決定

你是否常常感到自己太任性、太容易受情緒的驅使？任性的人與自律的人是兩個極端，前者往往無法控制自己，為人處世之時濫用感情。而你一旦開始感情用事，就會犯錯誤。

有一次，印度人阿米爾和猶太人亞伯拉罕洽談好了一筆生意，結果阿米爾因為種種原因，做出了違背合約的行為。他很是忐忑，耳邊不時迴盪著前輩們曾警告他的話：「在與猶太人打交道的時候千萬不要違背契約，這在他們看來是不可饒恕的錯誤。」

阿米爾硬著頭皮去見亞伯拉罕，吞吞吐吐地說出了自己違背合約的原因。他一邊說，一邊觀察著對方的神色，生怕對方在盛怒下做出失去理性的行為。

亞伯拉罕始終神情鎮定，他一言不發地聽著阿米爾的解釋，顯得極其耐心有禮。隨後，亞伯拉罕拿來了合約，口氣平靜道：「您違反了這幾條，那麼按照之前的合約，您理所應當賠償我相應的損失……」

阿米爾連連稱是，心裡鬆了一口氣。亞伯拉罕點點頭，說：「這損失是這樣計算的……」

自律型人格和隨意型人格最大的區別在於：前者睿智而理性，從不受困於自己的情緒；後者卻驕縱任性，任由感情

第七章　調節情緒，對內而非對外抗爭

支配自己的行為。

心中若無自律的意識，你做任何事情都會依賴於主觀思考和判斷，慣以個人的喜好和感情來行事，而不去考慮其後果，致使人生頻頻陷入困局之中。相反，一個高度自律的人卻能清晰地認知到感情用事的危害，懂得運用理智來規避很多不必要的麻煩。

普通人擁有七情六慾，難免有控制不住自己情感的時候。但是你若提前在自己心中種下自律的種子，凡事以最高的標準來約束自己，便能提高閾值，降低感情用事的機率。

莎士比亞的名著《奧賽羅》(*Othello*) 中，主角奧賽羅因聽信小人伊阿古的讒言，親手扼殺了心愛的妻子。當真相暴露出來後，奧賽羅發現自己竟然親手毀了原本幸福美滿的生活，他只有以死來謝罪。如果奧賽羅不感情用事，何以鑄成這般難以挽回的大錯？

而生活中，因感情用事造成嚴重後果的案例更是比比皆是。比如說，有的人因為一時衝動，竟在公眾場合挑起激烈的鬥毆，不僅造成治安麻煩，更為自己的前途留下了陰影；有的人因為過往的仇怨，竟無視法律法規，最終賠上了自己的青春……。

假如他們當初能夠嚴格要求自己的行為，何來今日的悔不當初？這就是不夠自律的後果及感情用事的代價

任性：感情用事引發錯誤決定

林源曾是一名法官，一次審判中，他赫然發現站在被告席上的竟然是自己曾經暗戀過的女孩王媛媛。她是林源的高中同學，長相甜美，氣質高雅，一度讓他魂牽夢縈，無法忘懷。

林源內心波濤洶湧，他目不轉睛地看著王媛媛，發現對方並無太大變化，還是那副清純甜美的長相。林源又將目光轉向原告席，只覺得原告長得凶神惡煞、猥瑣至極。他心中升起一股厭惡之心，完全沒意識到，他心中的槓桿早已大幅度偏向了被告。

林源聽著案情陳述，只覺得一切錯都出在原告身上，他感情用事地將原告判為敗訴。結果這件事被庭中聽判的記者報導了出去，在社會上掀起了一片輿論。

林源被迫辭職，事後他後悔不迭道：「身為法官竟然感情用事，真是我的失職！我該秉公辦理這個案子的……」

無論任何時候、面對任何人都應自律自覺，堅守理性和公平。那麼，如何才能避免感情用事呢？首先，想要突破負面情緒的控制，一定要拿回情緒的主動權。你必須對你的情緒有深入的認知，並果斷拉開情緒與自身的分界線。只因太過飽滿、強烈的情緒，足以吞沒你的理智思維。如果你放任自己，任由這情緒蔓延，它只會變得越來越難以控制。

多少人任性發洩情緒的時候，誤以為將這情緒宣洩出去是最重要的事情，實際上是讓情緒占了上風。放任自流是錯

第七章　調節情緒，對內而非對外抗爭

誤的決定，你要依靠自律去壓制情緒，嘗試著拿回主動權。

其次，在情緒發生的當下，努力去感受它。克制不住的時候，盡量調整呼吸，聆聽來自內心的聲音：「是賭氣一時重要，還是痛苦一世重要？你一定不希望事情變得越來越糟糕吧？」讓這情緒慢下來，才有時間去喚回你的理智和意志力。

另外，你還可以請求身邊的親朋好友幫忙監督，讓他們在你無法自控的時候及時提醒你。大部分任性的人是無法意識到自身的任性的，他們會不自覺地將一切視為別人的刁難。有理了不依不饒，無理也要攪三分。這時候，外人的監督極其重要。

靠著自律，靠著大家的幫助和引導，你會慢慢建立起良好的習慣，將自身性格中的刺一一拔除，變得越來越理智、優秀，人生的路也將越走越平坦。

鬱悶：別讓情緒影響健康

心情煩躁鬱悶是每個人都曾有過的經歷。不管做什麼，時間長了總會有躁動不安的時候，但內心強大的人卻不會任由情緒主宰生活。因為那份自律與克制，他們再難受，也不會做出傷害身心的事情。而脆弱的人卻可能會因為一時的心煩，而做出一輩子的傻事。

拿失戀來說，這固然是一件不幸的事情，但請記住，無論怎樣傷心，都不值得賠上身心健康，乃至耽誤一生的幸福。

張揚和王燕是一對戀人，兩人感情一直不錯，深受外人羨慕。後來王燕卻不顧張揚的勸阻，毅然回到老家，考取了當地的公務員，兩人從此開始了異地戀的生活。誰知後來王燕對一名男同事產生了好感，與張揚鬧分手。張揚深受打擊，儘管他百般挽留，卻始終挽回不了王燕的心。失戀後，張揚陷入了長期的鬱悶之中。工作之時，他連連失神，犯了一連串的錯。因表現反常，張揚很快便被公司開除。

張揚事業感情兩失意，變得更鬱悶了。他躲在出租屋裡，不分晝夜地喝悶酒、打遊戲，以此麻痺自己。半年下來，他已經變成了一個100多公斤的大胖子，還得上了嚴重的胃病，並因此多次住院⋯⋯。

日常生活中，很多人習慣於將「鬱悶」、「煩躁」這些負面詞彙掛在嘴邊。實際上這些是負面情緒——憂鬱的代名詞。首先，你要明白，這種情緒是很正常的。人生旅途很難一帆風順，遇上點阻礙讓心情跌到谷底，都是難免的事。

但是，如果你任由自己陷入鬱悶的情緒中遲遲無法走出，甚至做出傷害自己的行為，事態就變得嚴重了。最大的後果莫過於憂鬱症。罹患憂鬱症的人相當於被困在黑暗之中，眼睜睜地看著自己的生命熱情一點點流逝卻無能為力。

第七章　調節情緒，對內而非對外抗爭

　　為了走出鬱悶的情緒，你首先要做到與它握手言和。情緒並無好壞之分，而鬱悶只是人類正常情緒之一而已。既然這難以避免，就嘗試著將心態放平和。能夠做到這一點的人通常自律克己，他們不會用種種「傻」舉動去折磨自己，為難自己。找知心好友傾訴，或找個安靜無人之處，嘗試著大哭一場。有人說，哭泣能夠緩解緊張、煩惱的情緒，將身體裡的「毒素」都排出去。哭完之後，你會感到輕鬆很多。

　　其次，將注意力轉移到其他更正面的事情上。不夠自律的人為了擺脫鬱悶帶來的痛苦，會選擇用酒精來麻痺自己，另一些人則會用暴飲暴食的方式來緩解壓力。這些行為不只會影響他們的健康，更會腐蝕他們的正常狀態，將他們一步步拖入深淵。

　　與其在負面的想法裡深陷、沉淪，不如起身做些正面的事情。研究顯示，運動能夠在短期內讓人心情舒暢，難過憂鬱的時候要不大汗淋漓地運動一場，要不去逛逛街、唱唱歌。適當轉移下注意力，能夠幫助你找回穩定的情緒。

　　最後，你可以嘗試著降低自己的期望值。很多時候，「理想豐滿，現實骨感」是你鬱悶的原因。對生活期望值越高的人越容易失望，也就更容易陷入失落的情緒中無法自拔。

　　自律的人向來清醒，能夠接納包括鬱悶和煩躁在內的所有的情緒，所以他們總是能夠輕易地與自我和解，逐步向正

能量靠近。而普通人總是在高期待值的壓迫下,做出傷害自己的行為。

吳海從畢業進入職場起就一直很不順利,他賣過一段時間保險,也做過行政助理,之後乾脆創業去擺地攤。然而令他失望的是,兩三年混過去了,他依舊一事無成。

25歲生日那天,他突然陷入了憂鬱中。他將自己關在房間裡整整兩天,癱在床上,不吃不喝。父親嚇壞了,趕緊叫來自己的朋友李明,讓他幫助自己開解兒子。

李明見到吳海,第一件事就是將他從床上拉起來,帶他去有名的火鍋店吃飯。吳海一開始還低著頭,之後卻抵抗不住火鍋的誘人香氣,不言不語地拿起筷子吃了起來。

飽食一頓後,李明將吳海帶到自己的辦公室。望著窗外燈火闌珊,吳海突然痛哭起來。李明默默聽著,並未多說什麼。大哭一場後,吳海感覺自己的情緒好了很多。他問李明道:「李叔叔,你說我是不是完了啊?」

李明樂了:「你才多大?你的人生才剛剛開始啊。」

吳海將畢業以來的經歷和盤托出,他越說越委屈,越說越覺得憋悶。

李明嚴肅道:「沒想到你這麼容易因為受挫折而放棄,這點小風小浪都經受不起,以後的路你怎麼走?鬱悶歸鬱悶,這情緒就像風,一下就散。你若動不動就傷害自己,是對自己、對父母最大的不負責任。」

第七章　調節情緒，對內而非對外抗爭

沒有一帆風順的人生，也沒有永遠開心的人。鬱悶就像感冒，時不時讓你難受一下。你要做的是及時調整自己的心情，不要因負面情緒做出種種不理智的行為，或者拿它來傷害真正關愛你的家人。

焦慮：努力的人，為什麼更容易憂慮

生活中，似乎是越努力的人越容易焦慮。這條路永無盡頭，一旦偶有鬆懈，他們心中反而會湧起無盡的內疚感，於是就變得越來越焦慮。

這樣的人並非不自律，正是因為太過自律，他們反而走入了焦慮的死胡同中。而真正自律的人，會穩紮穩打地走好腳下的每一步路，內心始終沉穩、淡定而自信。

在同事眼裡，陳榮是個極其努力的人。作為剛入職的業務員，他十分熱衷於競爭，經常利用下班時間去蒐集客戶資料，為工作做準備。

為了加強業績，陳榮私下裡讀了很多銷售類的書籍，並整理出了很多銷售招數和祕笈。上班期間，他一有空就跑到研發部，向認識的工程師請教各類技術和專業知識。

讓陳榮越來越焦慮的是，他再怎麼努力，業績始終無法再上層樓。壓力大至頂點的時候，陳榮總是忍不住會讓自己放個假、偷個懶。事後他卻後悔無比。

焦慮：努力的人，為什麼更容易憂慮

有一次部門經理將一位重要客戶交給他，令他全程跟進這位客戶，務必將對方一舉拿下。恰好那段時間陳榮狀態不好，他在與客戶交談的時候頻頻走神，私下也沒做好準備工作，令客戶十分不悅。最後，陳榮丟掉了這筆單子。

這件事成了他的心病，從那天起，他失眠、焦慮的毛病越來越嚴重了，完全不知道該如何開導自己……。

案例中的陳榮明明很努力，為什麼他還這麼焦慮？原因在於，他並沒有將自己的努力與自律當成一個深入骨髓的好習慣，而是將它當成了一個目標。當這個目標短時間內沒有跟預期中的效果的時候，他就會變得焦慮起來。現代社會中，不少人的心態與陳榮一模一樣。那就是太過於急功近利，將自律與努力當成目標，而不是手段。我們都想成為更好的人，但何為更好？根本沒有一個清晰的定義。這其實是在告訴我們：努力沒有上限，你的上進心永無盡頭。殊不知，連億萬富翁都會陷入焦慮之中，為更好的明天發愁不已，何況是作為普通人的你。

為了成為更好的自己，你首先會強迫自己成為高度自律的人，甚至要求自己每時每刻都在做有意義的事情。但每個人的承受能力都是有限的，一旦你到了「撐」不住的時候，就會偷偷做出某些放鬆的行為。事後又會因此後悔不已。

這時候，你越是責怪自己，便越是焦慮。然而，真正自律的人是會避免走入這個循環惡性循環中的。他們不會讓負

第七章　調節情緒，對內而非對外抗爭

面情緒成為生活的主導，訣竅正在於以下幾個方面：

首先，自律的人的目標一定有上限。比如說，如果我們想順利透過考試，就不要混淆目標。但現實生活中的很多人會將學習時間的長短和努力程度的高低視為直接目的。這種沒有上限的目標讓他們焦慮不已，一旦偶有懈怠，就會變得越發焦慮。

而真正自律的人卻會將一個個短期目標設定於每一日的特定時間段中，有條不紊地去進行。當這種努力變成習慣，任何時候他們都能毫不費力地去實行。

其次，自律的人會更有耐心，他們會隨時更換努力的方式與路線，而這也是規避焦慮情緒的好方法。看過《刺激1995》(The Shawshank Redemption)這一電影的人，都會對主角安迪印象深刻。他雖身陷囹圄，卻能始終保持自律，多年如一日地為未來的出頭之日做著準備。

這一天看似遙遙無期，他卻始終保持著極大的耐心。如果你也有著這樣的覺悟，就該認知到自律是一個漫長的過程，如果你失去了耐心，僅僅為了一時的偷懶行為、失敗的結局而苛責自己，你當然會比其他人更容易陷入焦慮的情緒中。

如果努力暫時看不見回報，那就適時更換努力的方式與路線，用具體的行動去化解自己的焦慮。然而，一些人意識

到自己的努力反而為自己帶來焦慮的時候，往往會走入另一個失誤中：為了不再焦慮，乾脆放棄努力。

偉航在讀博士的那段時間裡陷入了嚴重的焦慮情緒中。那段時間裡，他停止了所有的論文計畫，完全放棄了努力。開頭那幾天裡，偉航感受到了一股久違的輕鬆。他整日待在宿舍裡，開始玩起了以往不曾接觸過的網路遊戲，或者翻來覆去地看美劇⋯⋯。

日子久了，他反而變得越來越焦慮。宿舍裡的其他三個「學霸」每日天沒亮就起床，直忙到深夜才回來。偉航熬夜玩遊戲的時候，他們卻在通宵趕論文。白日，偉航一覺睡起來，面對空蕩蕩的寢室，看著鏡子中憔悴不堪的自己，不由得痛哭起來。

有一天，導師將偉航叫進辦公室，嚴肅地責備了他。偉航這才意識到，自己的行為有多愚蠢⋯⋯。

當偉航為了化解焦慮的情緒，乾脆放棄努力的時候，他反而陷入了焦慮的深淵中，越來越難以自拔。而當他收拾心情，讓自己的生活重歸正常軌道的時候，他卻發現原先的焦慮被慢慢稀釋，眼前的路越來越清晰。

偉航重新調整了努力的目標，他不再苛求自己每一分每一秒都保持著旺盛的精力，而是力求讓自己的每一天都過得充實。實行了一段時間後，他發現自己變得越來越享受當下的生活，而不會為未來去過分擔憂。

第七章　調節情緒，對內而非對外抗爭

虛榮：驕傲與輕蔑的心理

心理學家說，虛榮心其實是一種暫時的、虛假的心理需求。當你窮盡一生去追逐這種不真實的榮譽感的時候，你會變得越來越盲目、自大、虛偽，再也無法客觀地認知自我和世界。而自律的人卻堅信，真正的榮譽在虛榮之外。

你是要真榮耀，還是假虛榮？細品以下這則民間故事，答案不言而喻。

一隻青蛙生活在一片水塘裡，牠的鄰居是兩隻大雁。天氣越來越熱，水塘裡的水逐漸乾涸。大雁和青蛙商量，要一起出發去尋找水源。

青蛙想了個好辦法，說：「你們找來一根木棍，各自叼著兩端，我用嘴叼住中間，這樣我們就可以一起飛行啦！」大雁很開心，牠們用這樣的方法如願將青蛙帶上了天空。

當大雁帶著青蛙低低飛過稻田的時候，農人們抬頭觀望，讚嘆道：「真是聰明的大雁，居然想出了這個好辦法！」

青蛙聽到這些評論，內心憤憤不平道：「這是我想出來的辦法啊。」

當牠們飛過另一座村莊之時，村民們聚在一起，拍手稱讚道：「從來沒見過這麼聰明的大雁！」

青蛙終於忍不住了，牠開口大喊道：「這是我的主意……」

虛榮：驕傲與輕蔑的心理

牠話還沒說完，就從半空中摔了下來⋯⋯。

曾有心理學家分析，虛榮是一種急於向外界表現自我，以此獲得大範圍關注的反常理的社會情感。這與上例中青蛙的反應不謀而合。人們喜歡用這則民間傳說來告誡後人：不要為過多的虛榮心所累，它反而會害了你。

所謂愛美之心人皆有之，虛榮之心，大抵也是如此。每個人心裡都藏著「炫耀欲」。只要把握分寸，恰如其分的虛榮也是人之常情。但若「炫耀過度」，卻會後患無窮。只因過高的虛榮心能葬送掉你的自律，讓你從一個目標清晰、腳步沉穩的人變得越發淺薄輕浮、驕傲自滿起來。縱觀身邊那些優秀而自律的人，無不是在追求物質的同時，不忘提升自己的精神世界。一旦他們心中的虛榮心超過了「警戒線」，便會逐步腐蝕其思想道德修養，境界也一再被拉低。正如智者所言，虛榮心能結出「惡果」，別讓虛榮心矇蔽了雙眼。

「當你不去旅行、不去冒險、不去拚一份獎學金，不過沒試過的生活，整天沉迷網路，做著我 80 歲都能做的事，你要青春做什麼？」這十分真切地描述出了當代年輕人的一種頹靡狀態。讓他們失去自律的原因之一，正是虛榮。

當虛榮成了瘟疫，肆意橫行於校園、社會之中的時候，中招的年輕人變得越來越多。豪宅名車吸引了他們的注意力，各種奢侈品俘虜了他們的心。急功近利的短視逐步吞沒

第七章　調節情緒，對內而非對外抗爭

了他們的理智，所謂的自制力和責任心也變成了一紙空談。

如何才能克服你的虛榮之心，防止它在交際中變得壯大、膨脹？首先，你得在心中樹立正確的榮譽觀，並有所作為，而不是一事無成。人們對於榮譽的渴望，是他們做出成就的動力。但你要明白，透過弄虛作假、沽名釣譽等手段獲得的榮譽，即使能夠讓你的虛榮心得到暫時的滿足，你卻得不到真正的尊重。

遠離假虛榮，腳踏實地地去努力，朝著目標前進，是你獲得真榮譽的前提。其次，富蘭克林說：「虛榮是驕傲的食物，輕蔑是它的飲料。」一個太過虛榮的人，往往有著盲目自大的特性，常常生出輕蔑他人的情緒。想要克服虛榮心理，就一定要有自知之明，不僅對自己的長處有清晰的認知，也要客觀地認知、接納自己的短處。

於嵐畢業後去了一家知名公司上班，她見身邊的女同事個個履歷豐富、家境優渥，自己卻只是一個來自鄉下的平凡女孩，不由得心生自卑。

出於虛榮心理，她不停地和隔壁同事吹噓說自己出身於一個富裕家庭，從小嬌生慣養，除此之外，她還編造了很多遊覽歐洲國家的經歷。為了圓謊，於嵐刷爆了信用卡去買了像樣的行頭和包包，直到有一天，HR 將她叫進了辦公室，面無表情地通知道：「妳已被開除。」

瞧於嵐崩潰的樣子，HR 解釋道：「當初徵妳進公司，是因為妳的自信和進取心讓我留下了深刻的印象。但事實證明，妳的工作態度實在對不起我對妳的賞識。」

於嵐心理壓力過大，將內心的想法一股腦兒地傾吐了起來。HR 語重心長道：「妳不要只拿別人的長處比自己的短處，妳也有妳的過人之處。而妳的同事們之所以能夠贏得上司的青睞與尊重，不是因為他們的家境、背景，而是因為他們的工作能力。記住，華麗的衣服、精采的履歷並不能證明自己，工作卻能。」

無論是高估還是低估自己，都容易使人產生各種虛榮表現。若能實事求是地看待自己，生活中很多不必要的障礙和麻煩便一掃而空。

第七章　調節情緒，對內而非對外抗爭

第八章

自律成就你的事業與發展

第八章　自律成就你的事業與發展

多做一點，讓自己更有競爭力

事業成功者在總結自己的經驗時會反覆強調，正因超越常人的自律，他們才成就了夢想中的自己。當別人問「何為自律，怎麼才能自律」的時候，他們中的大部分人給出了高度一致的答案：自律其實就是每天都比別人多做一點點。

不積小流，何以成大海？而每一天都比身邊的人多做一點、多走一步，才能永保競爭力。

馬克剛進洛克哈特事務所的時候，職位並不高，如今他卻成了洛克哈特的左右手，談及他的升遷祕訣，馬克神祕一笑，說：「我的祕訣很簡單，就是每天都比別人多做一點點。」

原來馬克剛進事務所的時候，發現老闆洛克哈特總是來得最早，走得最晚。每天下班後，洛克哈特都會留在辦公室，繼續整理檔案，或處理相關事宜。

馬克將這一切都看在眼裡，從第二天起，每逢下班時間，他再不會像以前一樣急著衝出辦公室，而是耐著性子留下來，直到徹底解決完手頭的事情。

洛克哈特有時候會讓員工幫助他列印檔案，或做一些跑腿的工作，馬克對此表現得很積極。雖然他的工作量因此而增加，但洛克哈特明顯對他也越來越信任。

半年後，馬克被洛克哈特升為主管，他的事業之路從此開啟……。

多做一點，讓自己更有競爭力

社會上絕大部分人都是身分背景、智力程度差不多的普通人，但總有人能夠脫穎而出，比他人獲得更多機會。祕訣正在於：比別人多做一點點，才能更快地抵達成功。

所謂「一分耕耘，一分收穫」，如果你自己都不知道為自己爭取，就別指望你能比別人更有競爭力。只有靜下心來做事，你的努力終有一天會得到成功的青睞。有一句很經典的話是這樣說的：「只多了一點怠惰，虧空了千萬成就；再多一點點努力，成就會幾何倍增。」自律其實並不難，只要你每天都能多一分努力，自然能夠得千萬收成。相反，懶惰、抱怨卻會讓你喪失工作的勇氣，乃至命運的主動權。

想要比別人多做一點點，首先得在目標上下苦功。自律的人在制定目標的時候會將自己的能力、對手的目標、行業目標這三項列為衡量標準。

他們總是將目標定得比自己的能力高一點，以此來激勵自己向著更好的未來邁進；他們總會將目標定得比對手高一點，以向別人的短處進攻；他們更會將目標定得比行業要求高一點，努力走在行業前列，努力避免被淘汰的結局。

那麼，如何才能比別人多做一點？在這個過程中，又應該注意哪些情況？首先，自覺多一點，凡事主動去做。戴爾·卡內基（Dale Carnegie）認為，這個世界上有兩種人注定會一事無成，一種是除非他人要求他去做，否則絕不會主動做

第八章　自律成就你的事業與發展

事的人；另一種是絕不會聽從他人的吩咐，也不主動去做事的人。

而那些不需要別人催促，卻總是自覺自律，且從不半途而廢的人更有機會走向成功。正如卡內基所言：「這種人懂得要求自己多努力一點多付出一點，而且比別人預期的還要多。」

每一家企業需要的都是那些積極主動、有責任心的員工。只因工作需要一種自動自發的精神，老闆不會一直跟在你身後告訴你下一步應該做什麼，一切都需要你主動思考。你只有付出比常人更多的智慧和熱情，才能得到最高的回報。

其次，做好每一件事，哪怕是小事。你有想過自己為什麼會屢屢失敗嗎？你不是敗給了事業心，也不是敗給了機遇，而是敗給了敷衍了事的壞習慣。而成功者卻力求讓自己經手的每一件事，都值得一聲「精益求精、盡善盡美」的稱讚。

職場上，我們每個人所做的工作都是由一件件小事構成的，想要比別人努力多一點點，就得保證把每一件小事都做到「完美」的程度。只有完美的細節才能體現出你的專業精神。當然，這需要你付出極大的熱情和努力。

多年前，阿吉伯特是美國標準石油公司的一名小職員。剛進公司的時候，他工作勤懇努力，又積極主動，讓身邊的同事和上司讚不絕口。後來，他得了個有趣的外號，叫做

「每桶四美元」。這是因為他每次在書信、收據上簽名時,都要在自己的名字下方認認真真地寫上「每桶四美元的標準石油」這幾個字。

有人好奇問他為什麼這樣做,他笑著回答說:「這是一件人人都可以做到的小事,但對公司來說,卻是一個免費的廣告,我會堅持將它做下去。」

這件事傳到了公司董事長洛克斐勒的耳裡,他感動地對身邊的人說道:「這樣努力宣揚公司聲譽的職員,我一定要見見他。」

於是,洛克斐勒設宴招待阿吉伯特,兩人相談甚歡。

阿吉伯特將這種凡事細心、主動的特質延續了下去,多年如一日。當洛克菲勒從董事長的位置上退居二線的時候,他大力舉薦阿吉伯特為第二任董事長。

一公分一公分地進步,一寸一寸地向上生長,一毫升一毫升地增加,這過程再緩慢,時間久了,也足以成就一個全新的你。記住,自律無非是每天都比別人多做一點點,成功無非是每天都比別人多收穫一點點。

你怎麼對工作,就怎麼對人生

《財星》的雜誌主編吉夫・科文曾說:「格局決定結局,態度決定高度。」從某種意義上來說,你對待一件事的態度,

第八章　自律成就你的事業與發展

決定了這件事的走向和最終結局。事業也是如此，你的態度決定了你是否能夠全力以赴，亦決定了你最終能夠達到的人生高度。未來事業旅程中，必定充滿艱辛與坎坷，隨時保持自律的心態，卻能夠讓你走得更快更穩。比爾蓋茲在很早的時候就明白了這一點，這與他小時候經歷的一件事息息相關。

比爾蓋茲在學校讀書之時成績十分優異，課業完成得比誰都快。後來有一位老師介紹他去學校的圖書館幫忙，臨行前，老師叮囑他說：「做事一定要有始有終。」9歲的他懵懵懂懂地點了點頭。

到了圖書館後，管理員將一堆過期的借閱書卡交到他手上。蓋茲發現，書卡上的書早已不知去向。於是，他在偌大的圖書館裡搜尋起來，忙得團團轉。

到了休息時間的時候，他已經找到了三本書。蓋茲有點洩氣，他悶悶不樂地回到家中。想不到第二天他來得更早，還對管理員承諾說，自己一定會做完這項工作。

從那以後，他每天都像一隻小蜜蜂一樣，勤勤懇懇地工作著，不斷尋找丟失的書籍。讓他沒想到的是，幾週以後家人帶著他搬到了另一個社區，他不得不轉學，圖書館的工作也暫時停了下來。蓋茲思考良久，決定懇求父母答應自己回到以前學校讀書的要求。

聽了他的理由後，父親沉默半晌，摸摸他的頭以示鼓勵。他如願以償，回到以前的學校，繼續在圖書館工作。只因他心中始終迴盪著一句話：「做事一定要有始有終……。」

比爾蓋茲曾說：「工作本身沒有高低貴賤之分，而對於工作的態度卻有高低之別。收穫成功還是失敗，在於你擁有怎樣的態度。」

9歲的他即便遇到了阻礙，腦海中從來沒有出現過放棄的念頭，他將那股常人難以企及的毅力和高度自律的精神一路延續了下去，直到做成了一番讓世人豔羨不已的偉大事業。

站在數學的角度來說，工作成果與你的態度是呈正相關關係的。比爾蓋茲能夠在事業上達到世人仰望的高度，離不開他頑強專一、永不鬆懈的態度與精神。

從理論上講，特定對象的主觀判斷和價值取向構成其態度，它往往體現在一套較為穩定的目的、思想方法及主張上。而態度、經驗、知識和技巧都是決定事業成就的關鍵性因素。

經驗、知識奠定你事業的基礎；態度決定你願不願意去做；技巧則決定你怎麼去做。其中，態度扮演著「帶動」的角色，能夠直接決定最終的成敗。

我們身邊從不乏這樣的人：抱怨自己的工作沒有前途，薪水太低；一邊偷懶、一邊哀嘆自己時運不濟、懷才不遇；遇到難題，首先想到的是逃避與放棄；需要承擔責任的時候，互相推諉逃避；每每活在幻想中，渴望天上掉餡餅……。

第八章　自律成就你的事業與發展

其實,從來沒有不重要的工作,有的只是不重視工作的人。你對待工作的態度消極,逐漸就會趕不上那些積極認真的同齡人的腳步,最後迎接你的就只能是失敗。

那麼,你對工作、對事業抱有怎樣的態度,才能讓人生變得越來越順利?最為關鍵的是,永遠不要將工作當成謀生的手段,而要當成你事業的開始。無論你正從事哪一行,都要明白,你工作的目的不僅僅是為了那份報酬,這不足以成為你的自驅力。能夠催使你上進的,永遠是你的野心。

不妨將目前的工作視為起點,視為生命成長的契機,讓它來激發你所有的毅力。而在奮鬥的歷程中,你只有不斷提升自我價值,才能順利實現越來越多的目標。

有個年輕人考試落榜後只好出去工作,他只會做普通麵食,除此之外他幾乎身無所長。後來,年輕人乾脆去專業的學校學習做麵食。家裡的人罵他沒出息,他聽了只是憨憨地笑著,並不多說什麼。

他將所有的精力傾注在這上面,想方設法精進自己的手藝。整整努力了一年後,他已經能夠將手中的麵糰「玩」得出神入化。在他手中,麵糰彷彿有了魔力。他能同時擀出 12 張餃子皮,也能做出一整桌豐盛美味的全麵宴。

而他的獨門絕技是將拉麵拉得極細,甚至能夠在一根小小的針眼裡同時穿過 20 根麵線。就憑著這門手藝,他搖身一變,居然成了杜拜的高級麵點師傅。有一次,他為美國國務

卿表演「拉麵穿針」，讓對方讚嘆不已，當場給了他一萬美元的天價小費。

他的經歷給了我們深刻的啟示：再卑微的工作都可以成為你事業的起點，烘托你人生的高度，只要你認真以待，全力以赴。

你的態度決定了你的行為、決定了你將走過怎樣的人生旅途。面對本職工作，你若積極熱忱、足夠自律，就一定會被重視；你若得過且過、安於現狀，就只能守著次要的職位，變得越來越可有可無，人生也會變得越來越蒼白無趣。

用自律維持進取心

進取心是成功的基石。只有不滿足於現狀，永遠保持著昂揚奮進的狀態，我們才能成功征服一座又一座高峰。

然而，進取心同時又是一種極易消耗、極難維持的可貴特質。在奮鬥的歷程中，如果你無法保持高度的自律，進取心就會變成流沙，隨著時間飛逝於掌心。

王龍畢業後來到一家五星級飯店上班，他從基層職位做起，一做就是五年。他深知飯店管理層職位少，若是自己不努力，即便領導層有了空缺憑自己的能力也很難勝任。

這五年來，王龍面對本職工作一向兢兢業業，他總是要

第八章　自律成就你的事業與發展

求自己做到對任何細節都瞭如指掌。他還利用下班時間參加各種職業培訓、管理培訓，不斷學習知識汲取營養。

臨近30歲那一年，他的努力終於有了回報。那一天，王龍在公司公告欄裡看到了自己的名字，他欣喜地發現，原來他已經被提拔為副經理了。一個禮拜後，他正式上任。隨後的一個月裡王龍都沉浸在喜悅之中，很難將注意力集中於分內工作上。

他將以往的努力、自律都拋到了腦後，上班期間對著同事指手畫腳，大發官威，下班了就鑽進酒吧玩樂。結果三個月後，他並未通過考核，一天之內又被打回了原形……。

「進」指的是前進的動力，人們只有不斷去學習，永不放棄成長的機會，才能在工作中做到無往而不利；「取」指的是獲取，先有「進」後有「取」，古往今來，任何人都得先播種、耕耘，再去談收穫。那麼，如何維持你的進取心？智者給出的答案是：加強自律，永不放棄。歷史上有太多人，只因一時的成功就開始驕傲自滿，當他們放棄自律的時候，原本強烈的進取心被削弱，原本堅毅的性格逐漸遭到了腐化，原本果斷的行動力亦被享樂之欲所取代。

唐玄宗登基之初，勤於政事，勵精圖治，一舉創下唐朝的「開元盛世」。然而，在位後期，唐玄宗怠慢朝政，再無進取之心，為之後的唐朝衰落，甚至唐朝的滅亡埋下了伏筆。

吳王夫差曾大敗越國，令越國君臣百姓齊齊拜服於腳

下。此後,曾在戰場上所向披靡的夫差被心中升騰的欲望矇蔽了雙眼,一味貪迷西施的美色,這成為越國滅吳的導火線。

撇開歷史不談,將目光轉向現實生活中,你會發現身邊這樣的案例更是比比皆是。被一時的順境與眼前的榮耀迷惑了雙眼的普通人,一旦無法做到像以往一樣以高度的自律來要求自己,遲早會因喪失進取之心而逐步失去立足之地。

俗話說「謙虛使人進步,驕傲使人落後」,無論你身處何種境遇,都要將謙虛中肯、踏實敬業的精神一以貫之地堅持下去,始終以高標準嚴要求作為人生行路之準則。如此一來,你對勝利的渴望、對成功的追求只會變得越來越強烈。

對普通人來說,更要記住「不滿是向上的車輪」,始終對現在心懷不滿,永不放棄自律精神,才能保持一顆強烈的進取之心,一路乘風破浪、勇往直前。

危機意識會讓你成長

某書中寫道:「沒有危機意識就會面臨『殺機』,隨時保持危機意識才能迎來『生機』。」不夠自律的人難以在這個競爭已成為常態的社會中生存。

然而,保持自律的前提條件是要隨時保持危機感,讓

第八章　自律成就你的事業與發展

它來促使你上進、推動你成長，以此來不斷增加你獲勝的籌碼。

林玉和同班同學劉藝大學畢業後被同一家跨國企業錄用，試用期的三個月裡，兩人如履薄冰，每一個工作日都過得緊張而匆忙。

試用期結束的前一天晚上，正值公司年會，經理安排林玉和劉藝值班，吩咐道：「今晚有一封從美國總部寄來的重要郵件，你們要將郵件內容、對方的意見即時向我彙報。」

說著，經理轉身離開了。劉藝抱怨道：「大家都去參加年會了，只留我們兩個值班，真是欺負人。」林玉笑了笑，沒說什麼，她堅守在工位上，一邊檢查起白天做好的企劃案，一邊等著總部那邊寄來郵件。

劉藝百無聊賴地玩著手機，過一會兒，她討好地湊近林玉，諂笑道：「小玉，我男朋友傳訊息了，希望我陪他去看電影，妳一個人守在這裡沒問題吧？」

林玉皺眉說：「眼看就要簽合約了，妳可別出什麼差錯。」

劉藝滿不在乎地說：「不用擔心，明天就過試用期了，經理不會炒我們魷魚的，別杞人憂天！」

說著，她不顧林玉的阻攔，拎著包悄悄溜出了辦公室。她走後沒多久，林玉終於收到了那封郵件，只見郵件中寫著：「Miss林，很高興地通知你，妳已經成為本公司的一員；至於劉藝小姐，麻煩妳轉告她，剛剛警衛已將她離開大樓、

擅離職守的行為向我彙報,所以她並未通過試用期。」

林玉驚呆了,原來郵件的發出人正是經理,這竟是一場安排好的測驗……。

案例中的林玉哪怕試用期將滿,也因內心的危機意識而保持著自律,這是她最終被錄取的原因。劉藝辛苦了三個月,只因在最後一刻喪失了危機意識,立即迎來了被淘汰的命運。這正印證了那句很流行的話:沒有危機感是人生中最大的危機。

在這個競爭越發激烈的社會上,每個人都應提高自己的警覺性,將風險和危險降到最低。正如古人所言:「常鳴警鐘,行舉自醒。」

比爾蓋茲的人生中永遠存在著一股緊迫的危機感,他說:「微軟離破產永遠只有 18 個月。」

無論是普通人還是企業家,若能在順境時永遠保持憂患意識,在逆境中勇敢地面對危機,懂得運用這種緊迫感推動自己自律上進,他們就一定能夠度過「寒冬」,迎來屬於自己的舞臺。所謂的居安思危、有備無患,說的正是這個道理。

《海賊王》中有一句著名的話:「如果你沒有危機感,就無法成長。」若身在危機卻懵懂不知,乃至不以為然,如何才能獲得新生和進步?

在事業規劃的道路上,你喪失危機意識的那一刻,就已

第八章　自律成就你的事業與發展

注定了日後被淘汰的結局。想要永遠位居前頭，既要早做準備，築起一道事業危機防火牆；又要積極行動，用日復一日、年復一年的自省與自律逐步建構起自己的核心競爭力。

除此之外，你還要注意以下幾點：首先，長期的放縱，會讓人沉溺於眼前的安穩中，將危機感一再拋棄。比如說，運動的人若有一陣子不運動，就會享受那種輕鬆感，難以重拾以往的毅力和信心。想必你也有過這樣的感受：剛開始偷懶的時候，內心還會湧出一股內疚感，慢慢地，這種內疚感消失了，我們越是享樂，就越是麻木，對即將到來的危機也變得渾然不覺。

如果有一天，你打破了以往自律的好習慣，記住，你心中湧起的那股內疚感其實是一種警示，如果這時候你不及時止損，以往所有的努力都會前功盡棄。其次，規劃事業版圖，建立長期目標。如果你的野心不夠，或者對自己的期望太小，你很快就會喪失危機感。而一旦失去前進的動力，你必然會淪為殘酷社會法則的犧牲品。

職場規則永遠是不貪戀眼前的繁榮假象，不輕易相信上司承諾你的關於未來的美好藍圖。只因職場如戰場，稍一鬆懈，就有了被替代的可能。你要將目標拉長，將自己的事業版圖規劃得足夠遼闊長遠，如此一來，危機意識才會在你的腦海中扎根。

有壓力才會有動力，才會有奮鬥的強烈欲望，這樣的人更容易成功。強烈的危機感會將你鍛造成一個堅忍頑強、高度自律的人，鞭策著你去不斷吸收外部能量，不斷挖掘自我潛能，長此以往，你定會搖身一變，化身為生活的強者。

危機可以說是生存的代名詞。大到國家，小到個人，若是缺乏危機意識和自律精神，都會變得萎靡不振。若將人生視為一條漫長的充滿危機的道路，你背負重擔啟程，死命堅持、日夜兼程至最後，你會發現，這條路的終點其實是安全感。

想帶領他人，就要先管好自己

曾在事業上獲得非凡成就的人都知道，管理的第一步一定是從自身做起。只因自我領導是領導他人的基礎。一個連自己都領導不了的人，根本無法獲得他人的信任。

所以說，好的領導者都是自律心極強的人。他們極其善於反省自己，而這種反省也讓他們看到了自身的諸多不足之處，於是就變得越發自律起來。

職場上，如果你的上司連基本業務都不熟悉，還來對你指手畫腳，你一定會感到憤憤不平。同樣的道理，如果你想要成為卓越的領導者，乃至於行業的領頭羊，必須要嚴格約

第八章　自律成就你的事業與發展

束自己的行為，不斷增長自身見識和能力，如此才能服眾。人只有先管住自己，才有機會獲得事業上的成功。很多人認為自我管理是一件很簡單的事情，事實證明，你我身邊管不好自己的大有人在。還有人會習慣性地將責任推給社會大環境，認為社會環境是導致自己墮落、不思進取的元凶。誠然，大環境確實能影響人的思想行為，但為什麼面臨同樣的環境、同樣的誘惑，有的人能做到「出淤泥而不染」，有的人卻難以把持、輕易倒戈呢？

說到底，問題還是出在你自己身上。如果你的自律能力再強一點，所有困擾過你的難題、阻攔你前進的障礙都會變得不復存在。

學僧元持在無德禪師座下參學。一次晚參時，元持請示道：「請師父指示，每次修持、作務外，還有那些必修的課程？」

無德禪師答道：「你需要看管好你的兩隻鷲、兩隻鹿、兩隻鷹，同時與一隻熊持續戰鬥、看護好一個病人，並約束口中一條蟲。」

元持疑惑不解道：「弟子來此參學，並未攜帶鷹鷲等動物，如何看管？何談戰鬥？」

無德禪師解釋道：「兩隻鷲指的是你的兩隻眼睛，你要自律，做到非禮勿視；兩隻鹿指的是你的雙腳，你要克制自己別讓它走上罪惡的道路，即非禮勿行；兩隻鷹是你的雙手，

你要用它辛勤工作，善盡責任，即非禮勿動。」

元持漸漸了悟，無德禪師含笑道：「熊指的是你的心，你要極力壓制一些非分之想，做到非禮勿想；而病人指的是你的身體，你要用你的自律看護好它；那條蟲指的是你的嘴，你應該緊緊約束自己的唇舌，做到非禮勿言……。」

上例給予我們的啟示是：只有先管理好自己的身體、性情、行為，才能談管理別人，才能談你想要的事業。當你無法管理自己的時候，便失去了領導別人的資格和能力。而自律正是管理自己的前提條件。

想要管好自己，就得從此刻起不斷增強自律意識、提高自控能力。在追逐事業的旅途中，你要盡量遠離負能量、拋棄壞習慣，更要做到精準地掌握立場和方向，掌握行動上的分寸，掌握感情上的原則……以穩定的心神打理財富、規劃未來、凝結身邊的人際關係。

想要管好自己，一定要秉持凡事三思而後行的原則。在做出任何選擇之前，都要仔細衡量利弊，這樣就能大大降低決策失誤的機率；行動的過程中，仔細審視、觀察自己的行為，並即時做出調整；與別人交談之前，謙虛謹慎，約束自己不要說出傷人的話語。

想要管好自己，一定要善於傾聽、勇於承認錯誤。但凡事業出眾的人都是心胸開闊、善於自省的人，只因心胸狹窄、敏感多疑者必會頻頻受挫，走不了長遠的路。你要多聽

第八章　自律成就你的事業與發展

取他人提出的意見，勇敢承認、不斷修正自己的錯誤道路。

正所謂「其身正，不令而行」，先管好自己，再去想著如何影響別人。而管好自己則意味著長期的自我約束、自我調控。想要將其堅持下去，就得試著將自律轉化為自覺，轉化為固有的習慣。只有事事身先士卒、以身作則，才能為你贏來領導者的資格。

平心靜氣，不要浮躁

事業旅途中，寂寞是你必須修煉的第一課。職場上最忌諱的是穩不下心、沉不住氣、抗拒不了浮躁，這樣的人不明白成功要一步一步來的道理，一味貪大浮躁、急於求成。

也許你也有過類似的經驗，身陷浮躁的沙坑中，想努力卻有氣無力，只能眼睜睜地看著自己逐步消沉、墮落。自律卻能幫助你突破這種困境，只因它能夠增強你的抗壓性，將你變得韌性十足。

潘華大學期間是學生會的會長，平時成績又十分優異，堪稱老師眼中的寵兒。畢業之際，老師和同學都很看好他，認為他未來一定能開創出色的事業。

然而，讓潘華頗受打擊的是，他連跑好幾場面試，都沒有找到一份滿意的工作。問題出在他的求職目標上，他只是

平心靜氣，不要浮躁

個應屆畢業生，卻總認為自己能力出眾，擔當得起基層領導的頭銜，但是沒有一家公司願意僱用一個毫無經驗的畢業生擔任領導者的角色。

潘華連連碰壁，眼見到周圍的同學都有了著落，他不免焦躁起來。他賭氣之下，決定去報考研究生。複習了幾個月後，潘華發現自己心浮氣躁根本看不進去書，只好再次放棄了這個想法。這一打岔，徹底延誤了他尋找工作的時機。

最後，潘華為了擺脫無業的尷尬局面，匆匆去了一家剛成立不久的網路公司。他每天混著日子，頹喪至極。不到半年，這家公司就倒閉了。這時候距離潘華畢業已有一年的時間，他這個天之驕子成了班裡混得最差的學生……。

現實生活中，很多人求學時不願意靜下心來讀書、創作時不願沉下心來寫作、求職時這山望著那山高……他們浮躁不堪，永遠缺乏努力做事的自律精神。古人云：「心浮則氣必躁，氣躁則神難凝。」一個心浮氣躁的人如何才能凝聚定力，聚精會神於事業的發展？自律精神的坍塌，導致夢想只能成為海市蜃樓，而立業之志、謀事之心也隨之化為灰燼。

在激流勇進的人生中，你願意做張牙舞爪的浪花，被浮石一撞就碎，還是深潛海底的風暴，默默蓄力，靜靜等待著一鳴驚人的崛起？在追尋事業的道路上，你願意做誇誇其談毫無實力的「卒子」，還是安靜低調、嚴於律己的幕後控局人？

答案不言而喻。無論目前的你身處怎樣的環境、面臨怎

第八章　自律成就你的事業與發展

樣的遭遇，都不能失去自律。就算目前的狀態不如預期，也要拚命沉住氣，戒驕戒躁，穩紮穩打。

正如蕭伯納所言：「自我控制是最強者的本能。」唯有自律，才能讓你變得冷靜、理性、強大起來。自律者的腳踏實地，足以撐起一片璀璨的天空。

美國曾一度興起石油開採熱，這期間，一個胸懷壯志的年輕人離開家鄉，來到陌生城市，他夢想著能闖出一片天地。可惜年輕人學歷一般，兜兜轉轉之下，他只找到了一份很普通的工作：在一家石油公司擔當倉管。

年輕人卻很開心。哪怕身邊的同事都在抱怨、偷懶，他卻立志要做好分內的工作。每天，他早早來到生產車庫，將裝著石油的罐子透過傳送帶送達旋轉臺，然後監視著旋轉臺上方的銲接劑自動滴落完畢，仔細檢查一遍後，再將罐子封好運到倉庫。

他一遍又一遍地重複著這些流程，偶爾，心中也會閃過一些迷茫浮躁的念頭。每到這時候，他就會責罵自己：「你連這麼簡單的事情都做不好，還想做成什麼事？」

就在這枯燥的工作中，年輕人發現，罐子每旋轉一次，就會有39滴銲接劑自動滴落。他想：「如果銲接劑能夠減少一兩滴，一天下來，能節省一大筆資金呢。」

經過反覆的思考、實驗，年輕人相繼研製出「37滴型銲接機」和「38滴型銲接機」。不久後，總部傳來命令，年輕人竟被破格提拔為公司高管……

這個年輕人就是日後的石油大亨洛克斐勒。哪怕他身處逆境之中,也從未放棄過希望,反而極力約束自己的行為,耐心勸服自己做好眼前這份看似簡單枯燥的工作。這種常人難以企及的自律,是他成功的主要原因。拒絕浮躁,首先不能貪圖「快錢」。自律的人向來恪守底線與原則,不會被所謂的「快錢」所迷惑。而目光短淺的人卻總是因為這一時之快而付出無限苦果。拒絕浮躁,就一定要找準位置,安下心來做好本職工作。有的人頻頻跳槽,夢想著能越跳越好,可惜跳到哪兒都得從頭開始。殊不知工作如同掘井,瞄準目標深入定點,才能有所收穫。你只累積了兩三年經驗,便毫不理性地一跳再跳,實際上是在浪擲你的時間資本。而越來越浮躁的你,只會將原本屬於自己的未來推得越來越遠。你要深信:只有靜得下心,沉得住氣,才能將事業做大。

拒絕浮躁,就不能被別人的成功晃花眼,更不能被別人的墮落所拖累。意志不堅定的人很容易受到身邊的人的影響,別人的成功讓他們心焦難耐,別人的墮落又會麻痺他們的上進心。他們的心就在這種煎熬中變得搖擺不定,腳步亦變得虛浮起來。

唯有日復一日地重複著那些自律的好習慣,始終堅持於腳下的路,才能迎來非凡的人生。

第八章　自律成就你的事業與發展

大膽前進，不要故步自封

生活中常常能遇見很多喜歡或者習慣於自我設限的人。「我不行」、「我學不會」、「我改變不了」是他們的口頭禪。如果你仔細觀察過這一類人的性格特色、思考模式及生活習性，會發現他們的某些共通點：脆弱、懼怕困難。

簡而言之，他們不是學不會，而是不願意學；他們不是改變不了，而是沒有足夠的毅力去支撐他們改變自己的生活。

寧筱在一次聚會中遇到了同齡女孩胡靜，兩人相談甚歡。聊著聊著，她們談起了蒸魚的技巧。胡靜惋惜道：「我很喜歡吃魚，可惜我真的不會做。」

寧筱笑道：「妳可以學啊，紅燒或者清蒸，步驟都很簡單。」

她分享起了自己做魚的技巧，剛說到一半，胡靜打斷她說：「我們那兒的人都不會做魚，我看我是學不會了。」

寧筱笑了笑，將話題轉移到了別的地方。胡靜又談起了旅行，羨慕地說：「我之前認識了一個女孩，她一個人遊遍了大半個國家，我卻只去過幾個城市……」

寧筱鼓勵道：「妳要是也喜歡旅行，明天就可以出發啊，妳不是剛好休年假嗎？」

胡靜擺擺手：「我哪行啊，我沒有照顧自己的能力。」

大膽前進，不要故步自封

後來，她們又聊到了創業。胡靜說道：「我有一個學妹自己開了一家店，小小年紀就實現財務自由了，真羨慕她……」

寧筱還沒來得及說什麼，胡靜又自我總結道：「唉，看來我這輩子是沒多大出息了……」

寧筱在心裡吐槽道：「這個人老說自己這也不行、那也不行，我看她最缺的不是能力，而是懶惰的剋星——自律與勇氣。」

孔子的一個學生曾對他表達了自己想要退學的想法，理由是自己能力有限，達不到老師的要求。孔子生氣道：「半路掉隊的人才叫能力有限，你還沒有掉隊，怎麼說自己不行？」

人生中最怕的不是你沒有能力，而是不夠自律去約束自己的行為、沒有勇氣去大膽向前打拚，最後卻把一切都歸結為自己能力不行、天分有限。很多人習慣從語言到思維上進行自我限制和自我暗示，如此一來，他們人生的可能性果真越來越小，世界也變得越來越狹窄。

然而，自我設限本質上等同於畫地為牢、圈地自毀。試問，為什麼成功都屬於別人，而你卻始終庸庸碌碌，一事無成呢？

心理學家卡蘿·德威克（Carol Dweck）的TED演講主題是「『還沒』的力量」，她說，如果你現在做得不好，不是因

第八章　自律成就你的事業與發展

為你不夠聰明,而是因為你「還沒」找到解決問題的方法。這種思維方式對我們的人生裨益良多。你不是到達不了成功的彼岸,只是不夠努力,只是不夠自信。

你一事無成的原因不在於你不夠聰明,而在於你沒有足夠的勤奮和毅力去支撐起你的野心;也不在於你沒有機遇,而在於你早已習慣於打擊自己、否定自己,頻頻為自己設限。

縱觀那些身處高位的人,他們的成功有兩點共性:一是自律而克制;二是勇於突破、挑戰自我。而這兩點正是解決問題的關鍵。

鄭璇高中的時候痴迷於化學,身邊的人卻勸她說:「這麼拚做什麼?女孩肯定是學不好化學的。」鄭璇很不服氣,隨著她在化學上花費的時間增多,她的化學成績越來越好。

高中畢業的時候,鄭璇因為發揮失常,只考取了一所普通學校。上了大學後,她反而比以前更加自律、勤奮。宿舍裡的女孩卻滿不在乎地道:「考到我們學校的都是智商有限的,反正我們再怎麼拚也拚不過那些名校的畢業生,不如放輕鬆一點。」

鄭璇卻對此表示懷疑,她在心裡為自己加油打氣道:「人生的路長著呢,一切勝負未定!」大學四年間,她始終保持著旺盛的求知欲和上進心,最終以優秀學生的身分畢業。

那段時間,她跑了一場又一場的應徵面試,破天荒地收

到了一家著名公司的錄用信。正式上班後,她將那股自律、自信的勁頭帶到了工作中,無一天懈怠。到了第三年,鄭璇已經成為公司裡最年輕的經理。

人生雖然有限,其中卻隱藏著無限的可能性。一味自我設限的人,得不到生命更多的回饋。想要改寫命運,就得堅守那顆自律之心,大膽前進,勇於挑戰那所謂的既定標準和條條框框,勇敢擁抱夢想中的成功。

第八章　自律成就你的事業與發展

第九章

在情感的世界裡，自律者才能自由

第九章　在情感的世界裡，自律者才能自由

遠離曖昧，保持情感純粹

浪漫關係中，存在著一種不確定的狀態，那就是曖昧。退一步，我們是朋友；進一步，又幾乎等同於愛情。如果是你，你會繼續前進還是保持距離？

有人說，曖昧是一種會讓人上癮的毒藥。但矜持、自律的人卻難以忍受這樣不確定的情感，他們絕不會允許自己陷入一段晦澀不明的曖昧關係中。

有一次，辦公室的劉大姐為於然介紹了個年輕人，名為夏傑。於然本想拒絕，又怕辜負劉大姐的一片好心，就同意加入了對方的聯絡方式。

午休期間，夏傑主動傳了一條訊息給於然，她便和對方聊了幾句。聊著聊著，於然感覺這個男孩並不是自己喜歡的類型，便委婉地拒絕了。夏傑有點失落，但仍對於然發出當朋友的請求。

於然勉強同意，從那以後，夏傑每天都會尋找話題跟她聊天，不斷地噓寒問暖，口氣也越來越親暱。有一天，他甚至來到於然的公司，以朋友的名義接她下班。

面對同事們促狹的玩笑，於然覺得很不舒服。她趁著這個機會，當面對夏傑道：「我們就算是朋友，彼此間卻並不熟悉，你我還是保持距離比較好。」

回家後，於然果斷刪除了夏傑的聯絡方式。

遠離曖昧，保持情感純粹

男女雙方對彼此的感覺並不確定，也難以確定是否進入一段親密關係的狀態，稱之為曖昧。生活中，這種不清不楚的親密異性關係會慢慢演變成一種陷阱，就看你是否擁有足夠的自律去抵抗這誘惑、逃脫這考驗。

你是否遇過這樣的人？他們打著朋友的名義對你噓寒問暖、關切至極，試圖將原本單純的友誼拖入曖昧的渾水中；或者對你甜言蜜語、親密無比，卻從未流露出表白的意圖，讓你永遠也搞不清楚對方真實的情感。這種異性朋友骨子裡是個對感情極度不自律的人。他們有些是所謂的「中央空調」式的老好人，對誰都是笑瞇瞇的樣子，關懷備至；剩下的人都是搞曖昧的高手，既缺乏對自我感情的認知，又沒有足夠的自律去約束自己的行為。

後者享受於「友情以上，戀人未滿」的感覺，他們越是將愛情看得隨性至極，越是難以得到真愛。你要相信，他們的曖昧對象絕不止你一個。

戀愛經驗為零的林語上大一的時候對同班男生王智有了好感。那段時間，只要對方對她微笑一下，她的心情就會莫名好起來。

王智對她也很親密，晚上睡覺前都會主動找她聊天，有時候早上還會幫她帶早飯。每逢週末，他們經常相約去圖書館一起看書、逛街。每當林語想起這些細節，心裡就會湧起一股甜蜜。

第九章　在情感的世界裡，自律者才能自由

　　王智生日那一天，林語用省下的生活費買了一個小禮物，想將它送給王智。那天傍晚，她等在男生宿舍底下，遠遠地看見了一個熟悉的身影。林語定睛一看，發現是王智，他身邊緊緊挨著一個女孩，兩人臉上蕩漾著甜蜜的微笑。

　　林語的淚水奪眶而出，她拉住王智質問道：「你到底把我當什麼？」

　　王智卻詫異道：「我一直把妳當妹妹啊！」

　　林語冷笑，指著王智身邊的女孩道：「那她呢，你也把她當妹妹嗎？」

　　曖昧有什麼表現？對方會不定時地找你聊天，有空的時候會約你出去玩、逛街，過生日的時候會送你禮物或鮮花。他們與你嬉鬧玩笑，總是口氣親暱卻態度模糊。

　　每當你想要將彼此間的關係挑明的時候，他們要不巧妙地轉移話題，要不裝無辜。一般來說，沉迷於曖昧關係中無法自拔的人通常不願意擔負責任。

　　你要相信，真正喜歡你的人根本不會跟你曖昧。如果對方單純只是享受這種剪不斷理還亂的感覺，那麼，他給予你的溫暖是廉價的。

　　拒絕曖昧，應從自己做起。一堵沒有「弱點」的牆永遠也透不進來風。只要你自己足夠自律、足夠理性，就不會給對方可乘之機。

遠離曖昧，保持情感純粹

首先，一旦你意識到了對方的意圖，就要第一時間挑明自己的態度。嚴肅地告訴他：你不需要這種曖昧關係來為自己的人生增添光彩，你渴望的是一份單純坦蕩的感情。

如果對方不聽勸告，一再糾纏，你要堅決切斷聯繫，斷了他所有念想。如果對方在生活裡扮演著「低頭不見抬頭見」的角色，在日常交往中，你大可表現出你對這種曖昧行為的反感和厭惡，讓他們知難而退。

或者直接無視對方的存在。當對方的曖昧舉動收不到回饋的時候，久而久之，他們自己也會覺得無聊，因此而放棄對你的騷擾。

其次，端正心態，樹立自己的威嚴，尤其是女性。生活中我們總能遇到一些「特殊」的女生，儘管她們長相漂亮、氣質高雅，男人們卻從不會對她們產生任何非分之想。

原因在於這樣的女生向來懂得如何在異性面前樹立自己的威嚴。她們從不做出輕浮之舉，習慣於保持著一個理性、高冷的形象，不會將真實的自己坦露於不懷好意的異性面前。

比起生活習慣上的自律，更厲害的是能在情感上保持自律的人。他們能輕易地從一段曖昧關係中脫身而出，始終保持著自己的修養。當曖昧高手們自詡早已看穿愛情的時候，情感自律的人面對愛情，反而懷有一顆赤誠之心。

第九章　在情感的世界裡，自律者才能自由

自尊自愛，遠離誘惑

只有自愛的人才能做到真正的自律，感情裡也是如此。生活裡有太多對夫妻、情侶只因難以抵抗外界的誘惑，逐漸走上了分道揚鑣的結局。殊不知感情重在維護與經營，只有擋得住寂寞與誘惑，才能呵護愛情直到白頭。

這是個物欲橫流的世界。愛情需要自律作為保障，有些原則和底線不能觸碰，更不能跨越，否則只能收穫苦果。

聰明的你，一定要用強大的自律來約束自己，堅決拒絕以下這幾種誘惑：首先，面對突如其來的「獻殷勤」，小心審視，冷面拒絕。很多女孩在成長的過程中都會面臨男生們無端獻殷勤的情況，這時候意志不那麼堅定的女孩可能會借機占取便宜，利用這些男生們的熱心收取某些便利與好處。

然而，自尊自愛的女孩卻能始終保持堅定的立場，她們清楚男生們無事獻殷勤的背後抱有怎樣的目的。理智告訴她們，自己的事自己處理，而不要將希望寄託在別人身上。

其次，不受甜言蜜語、嬌嗔示好的誘惑。對於一些耳根較軟的女性來說，甜言蜜語有著致命的吸引力。這誘惑往往會讓你做出錯誤的選擇，讓你付出淚水的代價。

楊凌遇到陳翰的時候正值青春年少。陳翰身材高大，一張嘴十分會哄人，經常能將楊凌逗得破涕為笑。陳翰彷彿有

著說不完的情話，他總能在恰當的時候說出讓楊凌感動不已的話。於是，楊凌很快陷入熱戀中，不顧父母的反對執意要嫁給陳翰。

誰知道婚後，陳翰像變了個人似的。他越來越吝嗇於自己的甜言蜜語，而他與楊凌的交流也僅限於吵架。這時候楊凌才發現，陳翰骨子裡是一個極其自私的人，與他相處簡直是一種折磨。沒過幾年，楊凌寧願淨身出戶也要與陳翰離婚。

對於另一些意志力不夠堅定的男性來說，他們天生抵抗不了女孩的撒嬌示好。不夠自律，就容易受到這種甜蜜假象的誤導，讓自己的生活迷失在正常的軌道上。

周雷的工作團隊裡來了個新的實習生，那是個活潑開朗的女孩。女孩比較粗心，工作態度又不夠端正，逐漸就成了其他成員的拖累。每當周雷想要責備她的時候，女孩一撒嬌，他頓時心軟起來，將責備的話忘得一乾二淨。

見周雷總是包庇這個女孩，其他同事們憤憤不平起來。他們背地裡說的閒話越來越難聽，甚至傳入了主任的耳中。最後，主任因為「辦公室戀情違反公司制度」這個理由撤銷了周雷主管的職位。這閒話甚至傳到了周雷女朋友的耳中，女友大怒，和他提了分手。

感情世界中的誘惑無處不在，若沒有一顆強大的內心去抵抗，它最終會對你造成傷害。所以說，任何時候都要保持

第九章　在情感的世界裡，自律者才能自由

自律，始終堅守原則和底線，這是十分必要的。

當你有了屬於自己的愛情後，首先要對身邊的異性朋友保持距離。你向前進一步，誘惑必會紛至沓來。你始終站在警戒線之外，無視誘惑的存在，才是自尊自愛的表現。記住，感情裡的安全感是互相給予的。你要求對方忠誠，得率先做到自律。

另外，想要拒絕誘惑，先得讓自己的精神世界變得豐富多彩起來。內心貧瘠、蒼白的人基本上禁不起誘惑，他們極易在燈紅酒綠的世界中迷失自我。而內心富足的人舉手投足間都透著穩重，他們從不缺乏自尊自愛的意識，更不會放任自己從誘惑中獲取精神滿足。

尤其需要注意的是，感情裡你一定要保持自己的個性和原則。一個軟弱的、毫無主見的人會被誘惑牽著鼻子走。無論何時何地，與何人在一起，都要保持著自我鮮明的性格特色，在沉浮世事中修煉自我判斷能力。始終嚴謹、自律，你才能變得越來越強大。

忠誠是愛的核心

「喜歡才會放肆，而愛卻是克制。」愛，反而是一種自律。然而，生活中的大部分人並不清楚愛情是怎麼一回事，

他們無法克制自己的衝動，頻頻墜入第三者編織的情網中，將家中的伴侶忘得一乾二淨。

殊不知成熟的愛情遠遠不止愛戀與依賴，更包括擔當與責任。一個懷有強烈責任心的人，必然是一個感情自律的人。在他們的人生字典裡，「出軌」是一件絕不能被原諒的事情。

漫長的旅途中，余韻遇到了一對中年夫婦，並與他們聊得十分投緣。讓她感慨尤深的是，對面的丈夫始終握著身旁妻子的手，眼神飽含深情。

一路上，丈夫對妻子體貼有加，照顧得無微不至，讓余韻十分感動。從他們的話語中，她逐漸拼湊起了兩人的感情經歷。

原來男人是一家公司的老闆，縱使事業繁忙，他每年都會抽出時間帶著妻子去旅行。妻子不喜歡搭乘飛機，他便帶著她坐火車、坐輪船，遊遍山水。

男人風度翩翩、氣度非凡，旅途中不時有年輕女子趁他妻子不注意的時候向他搭訕示好，他卻一律拒絕。此時，他對余韻解釋道：「感情中最重要的是忠誠，這是男人的擔當。」

人是感情動物，與異性走得太近，不知什麼時候就會滋生一些不必要的感情。而自律的人只會將親密與依戀留給身邊的伴侶，自尊自愛、潔身自好是他們最真實的寫照。

第九章　在情感的世界裡，自律者才能自由

　　正如一位作家所言：「現在大多數的出軌，不是出軌，是出軌癖，是一種病症心理。」那麼，面對出軌成癮的自己，抑或是伴侶，你應當如何處理？

　　在婚姻中，或是長期的情侶關係中，總會遇到這樣的問題：激情過後，這段關係將逐漸歸於油米柴鹽醬醋茶的平淡境地。不夠自律的人總是一邊抱怨生活的無趣，一邊幻想著新的激情。他們難以把持立場，輕易便陷入新的情網中。

　　而當人們從出軌行為中一再獲得強烈的愉悅感，達到條件反射的程度後，他的心裡慢慢就形成了某種情結和習慣。這就是出軌成癮的原因。

　　如果你是始作俑者，自救的唯一辦法是不斷地自律、自省，不只要充分意識到自己的錯，更要用積極的行動去糾正這些錯，堅決斷絕畸形的兩性關係。

　　有的人縱使感情上有了汙點，卻從不主動去反省自己，反而找出種種藉口來避重就輕地美化、掩蓋自己的行為。殊不知，不懂得自省就一定會吃苦頭。越是玩弄感情的人，越會被感情所玩弄。而越是保持自律，才能越早地體會到愛的真諦。

　　如果頻頻出軌的人是伴侶，你要明白，一個濫情、不知自律為何物的人並不值得你託付終身，只因你們的關係遲早會變成空中樓閣，隨著外界的風吹草動而坍塌。

糟糕的伴侶會讓你身陷惶恐不安的情緒中，你永遠也看不到夢想中的未來。而坐懷不亂的愛人卻可以用情感上的自律撫平你所有的不安與猜忌，他們給出的承諾才值得信任。

王紫萱與男朋友趙亮的父母見面後，原本打算盡快結婚，這段時間以來，她卻猶豫了。原來上次見面的時候，紫萱不小心看到了男友手機上別人發給他的曖昧短訊。

她當場就生氣了，拿著手機問男友對方是誰。趙亮卻不痛不癢地解釋說，這不過是同事之間的玩笑。紫萱將信將疑，她按捺下怒氣並沒有深究下去。

誰知那個週末，她在和好友逛街的時候，竟在街上撞見了男友。只見他摟著另一個女孩，大搖大擺地從她們面前經過。紫萱還沒反應過來，好友趕緊跑上前攔住了他們。

面對紫萱歇斯底里的質問，趙亮卻辯解說女孩只是普通朋友而已。當天晚上，趙亮找出一大堆藉口來搪塞紫萱，始終不肯承認自己有了第三者。

見趙亮毫無反省的樣子，紫萱失望至極。她決定不再相信趙亮的承諾，果斷地選擇與他分手，談好的婚事就此作罷。

「自律是自尊的根本，自尊是自由的保障，這一切源於自省。」出軌成癖還不懂得自省的人如何值得信任？你放心將一生的幸福交到這樣的人手中嗎？

感情上的自律是一種難得的美德，更是捍衛愛情的武

第九章　在情感的世界裡，自律者才能自由

器。這樣的伴侶會讓對方感受到山一般的依靠、水一般的柔情，而彼此間的自律與忠誠會讓你們的愛情越發牢靠、堅實。

選擇有相同價值觀的伴侶

什麼才是維繫婚姻的紐帶？有人說是孩子，有人說是經濟基礎，這些答案都是片面的。只有精神上的共同成長，才能讓兩個人的婚姻變得越發穩定、牢靠。

基於這一點，我們在選擇伴侶的時候一定要考慮到對方是否與自己有著相同的價值觀，彼此間是否都嚮往一段自律的感情。相同的價值觀是並肩行走、與子偕老的前提與基礎，而自律的感情生活則代表著心靈的默契，往往會讓彼此間感受到更深層的愛意。

歷史上的林徽因和梁思成夫婦、朱生豪與宋清如夫婦，都是心心相印、志同道合的完美愛情的楷模。而這樣的戀情、婚姻才值得人羨慕。大千世界，芸芸眾生，太多人等不到真正默契的靈魂伴侶的到來，便匆匆地與錯的人走入婚姻，蹉跎到最後才發現所託非人。主要原因在於：你在感情上實在是不夠自律、不夠堅定。「外貌協會」的人會被美麗的相貌、出眾的身段所迷惑，因此而墜入愛河中。吃盡了苦

選擇有相同價值觀的伴侶

頭才發現,臉豈能代表一切?

迷戀權勢的人會被對方的社會地位所吸引,為了依靠強者「上位」,輕易便浪擲了一生的幸福。他們將感情當作籌碼,將婚姻視為一場交易,卻往往只能獲得悲慘的結局。

有的人結婚是為了滿足自己的炫耀心理,盼著在社群裡絢麗的照片來彰顯自己。殊不知現代人往往是越缺什麼,越愛晒什麼。幸不幸福,根本不需要別人來見證。

你對待愛情不夠珍重、不夠自律,豈能奢望愛情給予你過多的回報?依據外貌、金錢、社會地位等種種原因來選擇伴侶,就只能收穫一段段膚淺而又脆弱的感情。

某位心理學家曾說:「在戀愛與婚姻裡,你不斷地尋找對方,其實也是在尋找你自己。你的價值取向和思想體系,能在戀愛與婚姻的過程中得到無限的突顯與延伸。」

記住,外在的條件都不是必要的,擁有它們是錦上添花的事,有時候它們卻又會變成感情延續的障礙。而只有相同的價值觀才是維繫一段關係的最關鍵的因素。

梁鴻是東漢的太學生,他志向遠大、內心高潔,是當時有名的青年才俊。梁鴻自太學學成歸鄉後,當地很多人傾慕他的才學,想將女兒嫁給他。說媒的人踏破了門檻,他卻選擇了相貌醜陋的孟光。

孟光面對梁鴻,內心總有點自卑。一開始,她盡力打扮

第九章　在情感的世界裡，自律者才能自由

自己，希望可以讓梁鴻滿意。誰知丈夫始終沉默以對。在孟光的追問下，梁鴻坦然道，他要找的是一個能著粗衣布衫，安貧樂道，始終支持自己高潔理想的妻子，而不是一個只關注自己容顏的人。

孟光很是欣喜，她之前的行為亦是試探之舉。她馬上換回準備好的葛麻衣服，與梁鴻一起安享於田園風光之中，耕讀自適，彈琴自娛。

後朝廷徵召梁鴻為官，夫妻二人不願過紛繁複雜的官場生活，反而躲到南方。縱使生活簡樸，他們的感情卻始終和諧美滿。

這便是舉案齊眉的故事的由來。相同的價值觀意味著相同的興趣愛好、志向理想，正因雙方的精神世界無比契合，才能共同構築出一個圓滿、美麗的未來。

隱忍成就家庭和諧

溫馨、穩定的家庭環境能帶來內心的幸福與安寧，而飄搖、惡劣的家庭氛圍卻會對個人的前途、運勢產生極大的影響。

家庭和睦的箴言靠著兩個字——隱忍。兩個人組成家庭，便是創造出了一個油鹽醬醋、鍋碗瓢盆的新世界。你有你的喜好，我有我的習慣，如果任由自己的個性不加節制地亂發脾氣，再牢固的感情也會隨著時間煙消雲散。

隱忍成就家庭和諧

曹燕和李佳外表登對、家世相當，在外人看來，是再合適不過的一對夫妻。然而，兩人卻沒熬過七年之癢，最終以離婚收場。

原來問題出在彼此的性格上。曹燕個性坦率乾脆，一向快人快語，而李佳卻性情暴躁，像個炸藥一點就燃。他們經常為一點小事鬧得不可開交。

某一年新年前幾日，曹燕和李佳為去哪家過年吵了起來。雙方都堅持要去自己家過，互不相讓，鬧到最後兩人大打一架，乾脆收拾行李各回各家。

整個新年期間，曹燕的父母不停地勸說著自己的女兒：「家庭最重要的是和睦，不能一味要求對方遷就自己……」

李佳的父母也教訓兒子道：「男人要有責任心，這麼大人了還不懂得自律自省，只知道亂發脾氣算什麼好漢？」

可惜的是，曹燕和李佳都沒將父母的話聽到耳裡，最終讓原本溫馨的小家庭一拍兩散……。

自律的人一直將「隱忍」二字刻印在心裡。

一個不懂隱忍的人，分分鐘都能為一點芝麻綠豆大的小事鬧起來。恨不得鬧得雞飛狗跳、不可開交。有理不讓人，無理也要攪三分。他們如此理直氣壯，不是因為他們受了多大委屈，只是因為他們從骨子裡就不夠自律自省、不夠有涵養而已。

有的人在陌生人面前有禮有節、溫柔而又體貼，面對親

第九章　在情感的世界裡，自律者才能自由

人、愛人卻頤指氣使，從不重視他們的感受。

在外人眼裡，他們自尊自律，很容易讓人心生好感。然而，這份自律其實是裝模作樣的虛假行為。他們為了面子、為了外人的評論才會嚴格約束自己的言行。真正的自律意味著什麼？它意味著你無論身處何時何地，哪怕現場無人監督的情況下，都能夠主動遵守一套既定規則。

一旦面前的對象從外人換成了親人、愛人就原形畢露的你，何以談自律？面對最親近的人更要學會克制、隱忍與遷就，隨時銘記「退一步海闊天空」的道理。

俗話說「花無百日紅，人無百日好」，夫妻也是一樣，時時都會產生矛盾與分歧。而隱忍卻會成為家庭的潤滑劑。關鍵時刻能忍，才不會將事態推向糟糕的方向。

對方若是導火線，你就得自覺充當起滅火器的角色，及時滅火。而不是放縱自己的脾氣與對方大吵一架，否則，只能迎來一個玉石俱焚、兩敗俱傷的結局。

李康和尹柔是一對人人稱羨的夫妻，兩人結婚多年來一直和氣美滿，從沒吵過架。一次聚會上，身邊的朋友追問二人婚姻保鮮的祕訣，李康笑道：「無非靠忍。」

朋友不以為然道：「這是老生常談了，真的有用嗎？」

尹柔說：「道理不是用來聽的，而是用來實踐的。你信不信，我現在能說出十條李康的缺點。」

朋友來了興趣，連連催問。尹柔侃侃而談道：「第一，他總是不洗腳就上床睡覺；第二，他貪杯，且酒品極差；第三，他襪子亂扔，又不愛刷牙……」

朋友驚訝道：「那妳怎麼受得了？妳可是有潔癖的！」

尹柔搖搖頭，剛想說什麼，李康打斷了她的話，笑道：「我也可以立刻說出我妻子的十條缺點，比如說，她太嘮叨了，又是個不折不扣的購物狂……」

朋友好奇道：「你們對互相的缺點如數家珍，怎麼還能容忍對方這麼多年？」

李康嚴肅起來：「這些都不是原則性的大問題，互相遷就包容一切就迎刃而解，非得因為這些問題鬧到妻離子散的地步？」

《聖經》上說「愛是恆久忍耐」，這句話的意思不是在教你做一個受氣包，去無底線地忍耐，而是在強調：家庭裡，學會克制自己的情緒、脾氣，學會自律和擔當，是對你所愛的人、對這份感情最大的尊重。

夫妻之間需要更多的隱忍和包容，遇事多替對方著想，彼此間坦誠以待、將心比心、嚴己寬人、克制忍耐，如此才能鑄就幸福家庭。

第九章　在情感的世界裡，自律者才能自由

全職太太不代表迷失自己

現實生活中，很多職場女孩都很羨慕「全職太太」的生活。的確，相比上班早起擠捷運、下班回家吃外送和泡麵、白天面對同事們的勾心鬥角、晚上趕企劃到深夜的日子，全職太太彷彿是這個世界上最輕鬆的工作。

全職太太真的有那麼好當嗎？當然不是。真正的全職太太一定是一群隱忍度高、責任感強、極其自律的女子。她們一邊相夫教子，將家庭生活打理得井井有條；一邊設法學習新技能，不斷豐富、充盈著自我的精神世界，永遠也不會放鬆自我管理。

若是當了全職太太，就放棄了自律，遲早會與世界脫節，被社會所淘汰。

經營婚姻首要靠的是自律。一味貪圖享樂、沉溺於安逸，婚姻生活遲早會亮起紅燈。

社會更新換代的速度實在是太快，新鮮的事物與觀念層出不窮，作為長年居家的全職太太，因為喪失了和外界接觸的機會，反而要比職場中人更加努力才能跟上節奏。

然而，很多女孩在成為全職太太後，將一腔抱負寄託於吃喝玩樂中，在毫無意義的肥皂劇中耗盡了青春。記住，若不夠自律，只會讓以前學習、累積下來的知識、技能慢慢淡

忘、退化，體現自我價值的機會也變得越來越少。

另一些人整日都在為家人的一日三餐、孩子的學業問題所操心，耐心逐漸被無窮無盡的家務操磨得一乾二淨。不修邊幅久了，她們慢慢變成了丈夫眼中的「黃臉婆」。

與之形成鮮明對比的，是那些活得精緻的女人，縱使身為全職太太，被無盡的瑣事包圍，也始終能夠保持自律。她們真正做到了從容顏到生活，都一絲不苟井井有條。

同學聚會上，夢涵和彤萱一先一後地出現，都引起了一陣轟動。原來她們大學時都被評為校花，是所有男生的夢中女神。如今五六年過去了，只見原本嬌俏可人的夢涵變得體態臃腫、皮膚粗糙，與過去相比判若兩人。

而讓人驚訝的是，彤萱相比過去，卻顯得更有魅力。她妝容精緻、身材曼妙，舉手投足之間盡顯一股優雅風情。面對好友的追問，夢涵懊悔道，自己畢業後就與初戀男友結婚，自以為找到了安全的港灣，所以再不如以前那般精心打扮自己。

生了孩子後，她的飲食習慣變得越來越差。常常躺在沙發上一邊吃零食一邊看劇，身材逐漸走形。而彤萱卻坦言，自己也於三年前辭職做了全職太太，但是卻從不敢怠慢。

彤萱每天早起為丈夫孩子做營養早餐，收拾家裡後便去健身房跑步練瑜伽。除此之外，彤萱還認真去學習花藝、茶道及烹飪技術，如今她兼職開了一家私人烘焙坊，憑著這份收入也足以養活自己……。

第九章　在情感的世界裡，自律者才能自由

　　縱觀我們周圍，你會發現，無論是能力不俗的職場人士還是美麗優雅的全職太太，自律是他們始終保持優秀的關鍵原因。當然，後者則需要付出更多毅力。

　　恰恰是看似自由的全職太太，需要更強的自律能力。作為全職太太，活得越輕鬆，離夢想中的美好生活越遠；越是自尊自律，往後的日子便越是精緻高級、有序而又輕盈。

　　俗話說「活到老，學到老」，不能因為是全職太太就忘了這句話。固定的學習計畫能讓大腦始終處於高速運轉中，讓人變得更理性、聰慧，而又決斷力十足。這樣將始終富有競爭力。

　　其次，一定要有人生規劃。任何時候都要保持獨立自主，不能因為正處於一段婚姻關係中就依附於對方，失去了自我。要知道，毫無規劃的女人，只能隨波逐流於現實世界。想要掌控人生，想要將家庭幸福牢牢握在手中，首先要懂得為自己、為家庭謀劃未來。

　　另外，為了跟上另一半的腳步，需要一邊多多關注社會熱門新聞，做到與時俱進；一邊積極培養興趣愛好，讓自己的生活變得愈發豐富多彩。

婚後不要忽視家庭關係

很多人忽略家庭時，總以這句話作為藉口：「當我搬起磚頭的時候，我無法擁抱你；當我放下磚頭的時候，我無法養活你。」看似無奈，其實是個偽命題。他們總說家庭才是第一位，可是到了必要的時候他們還是會不顧一切地犧牲家庭來成全事業。

正因現代社會極其推崇個人能力，才讓他們本末倒置地認為：只有金錢、權勢、名譽、地位才最值得追求。實際上，相對於賺錢能力來說，一個已婚人士對家庭的擔當，對感情世界的高度自律，對家人貼心的愛意、堅守與關注，才是最值得讚嘆的素質。

崔振榮和妻子於珍結婚十餘年來，一直保持著繁忙的工作狀態。面對妻子的抱怨，他卻振振有詞道：「妳得支持我的事業，我賺錢養家，買房買車，努力給妳和孩子最好的生活，我有什麼錯？」

聽到這些話，於珍雖然感到鬱悶卻也無言以對。有一次，兒子在學校闖了禍。崔振榮接到老師的電話，火急火燎地趕到學校。於珍早已等候在那裡，他一見到妻子，就劈頭蓋臉地罵道：「妳是怎麼教育孩子的？」

於珍滿腹委屈，與崔振榮吵了起來：「你心裡只有工作，還有這個家嗎？孩子成長過程中，你陪他過過幾個生日？」

第九章　在情感的世界裡，自律者才能自由

崔振榮剛想說什麼，孩子的班導卻責備他道：「崔先生，您妻子的話說得沒錯。這次我特意打電話讓您來一趟，就是想告訴您，教育孩子是夫妻雙方的責任。」

崔振榮訕訕地點點頭。回家後，於珍將這麼多年的委屈一股腦兒傾吐出來：「這些年你越來越不顧家了，最讓我難受的是，你和你的那些女性客戶朋友走得太近了，雖然我知道你是為了拓展事業，但是也要有個分寸……」崔振榮反覆思考著妻子的話，默默無言。

很多人認為，自己在外打拚事業，是為了帶給家人更好的生活條件，所以顧不上家庭也是情有可原。

可事實卻並不是這樣的，家庭與事業最理想的狀態是互相鋪陳、彼此成全，為何非得鬧到顧此失彼的地步呢？不要將這視為一項選擇題。縱觀成功人士們的事業觀、家庭觀，你會發現：他們越成功就越顧家，或者說，顧家的人才有更多機會去走向成功。

一個無論貧困或富貴、順境或逆境，始終堅守心中信念，將對家人的呵護與眷念視為生命中最重要責任的人，通常有更大的可能改變命運。

只因他們比一般人更自律，面對金錢陷阱、情感誘惑更容易守得住內心的底線；他們比常人更頑強，哪怕前方山高路遠、困難重重，也能直起腰板，以一己之力扛起家庭重擔。

反之，那些為了打拚事業而將家庭拋到腦後的人卻粗心至極。他們總認為職場才是屬於自己的唯一戰場，在他們看來，滿足了家人的物質需求就是對家人最大的關愛。

他們自動缺席了孩子的成長過程，將與家庭有關的一切瑣事都推給伴侶，美其名曰「賺錢養家」，實際上是什麼都不想管。這樣的日子過久了，他們與伴侶的步伐越來越難以一致，精神世界也漸行漸遠。這無疑是為家庭的穩定埋下了隱患。當心中關於家庭的信仰慢慢淡化後，他們還剩下多少自律去抵抗外界燈紅酒綠的奢靡風光？縱使犧牲家庭去換取工作上的成績，一時的滿足後，剩下的卻是無盡的空虛與遺憾。只因家始終是前進路上堅實的後盾，顧此失彼，是最愚蠢的行為。

所以說，一個真正成熟、有修養的人，不單單要在事業上有所成就，更重要的是他能擔當起責任，給親人一分踏實安心，給愛人一分幸福從容。

一個真正成熟、潔身自好的人，必定懂得自我約束，始終堅守感情上的自律，這是家庭安穩、婚姻幸福的前提與保證。

吳晨身為一家上市公司的總經理，照理說應該會很忙，但是他卻極力推掉很多不必要的應酬，盡量一下班就趕回家，陪妻子逛菜市場、買菜做飯。每晚睡覺前，他都會抽出半個小時的時間為女兒讀一段名著故事，哄她睡覺。

第九章　在情感的世界裡，自律者才能自由

到了週末，吳晨會抽出時間來陪伴家人。他總是開車帶著妻子、女兒去郊外踏青，一家人其樂融融，直玩到傍晚才回家。他的手機裡從來不存陌生女性的號碼，有什麼應酬活動也會主動和妻子報備去向。朋友們都笑話他是「妻管嚴」，吳晨卻義正詞嚴道：「和異性保持距離理所當然，而且我努力工作是為了讓家人過上好日子。要是忽略了家庭，豈不是得不償失？」

對家庭專一、堅守底線的人，對事業必然會全心全力，既懂得尊重別人的付出，又清楚自己在公司中的定位、責任與擔當。

顧家的人像是一棵穩重的大樹，不斷從和諧溫馨的家庭氛圍中汲取著營養，他們的事業之路也會因此而越走越順利，人生也會變得越來越幸福燦爛。

第十章

健康，是奠定未來的基石

第十章　健康，是奠定未來的基石

健康是一切的起點

　　對於個人來說，健康究竟意味著什麼？有人說，如果健康是「1」，那麼人生中其他東西都是「0」。「1」倒了，所有的「0」都會瞬間傾塌，變得毫無意義。失去了健康的身體，你嚮往的金錢、地位、家庭、事業都隨之化為煙雲；你想要的未來瞬間變成水中破碎的倒影。那麼健康從何而來？怎樣才能保持身體的最佳狀態？這一切都依賴於你自律、有序的生活習慣。

　　陳健今年剛過28歲，便有了啤酒肚，眼神也變得越來越渾濁。與此同時，他的妻子沈茜卻極度瘦弱、頭髮枯黃，總是一臉營養不良的樣子。

　　熟悉這對夫妻的人都知道，幾年前兩人從公司辭職，開了家小店，生意不好不壞，兩人的生活卻發生了翻天覆地的變化。他們長期過著晝夜顛倒的生活，餓了就點份大餐，吃到肚皮圓滾滾。忙起來卻顧不上吃飯，沈茜就曾有過兩、三天粒米未進的經歷。

　　每當朋友勸他們盡量調整作息、規律生活的時候，他們卻不以為然地說自己又不是七老八十的人，眼下最重要的是賺錢。

　　到了年尾，陳健和沈茜竟一先一後地病倒，接連在醫院裡住了一個多月才出院。經過檢查，陳健患上了脂肪肝、高血壓，沈茜則患上了嚴重的胃潰瘍。面對醫生的警告，兩人後悔不已。

健康是一切的起點

　　陳健和沈茜為他們極其不健康的生活習慣付出了慘痛的代價，而這樣的人在生活中比比皆是。多少人一邊敷著昂貴的面膜，一邊長年累月地熬著夜；多少人閒置了一張又一張的健身卡，雖時不時鼓起運動的決心，卻早已忘了運動的滋味。

　　現代人彷彿集體陷入了病態的生活習慣中，生活變得越來越忙碌、無規律。工作之餘，很多人只想大口大口灌著冰啤酒，躺在沙發上看球、追劇。好不容易關上了電視，他們又抱起了手機。大睜著熊貓眼，睏倦地盯著螢幕的樣子成了他們的常態。也許你也曾有過這樣的經驗：早晨起來站在鏡子前凝視著自己浮腫的面孔和粗糙的皮膚，心中湧起一陣悔意。遺憾的是，這悔意與警覺一閃而過。有的人自救的方法是立刻為手機換一張綠意森森的螢幕，彷彿這樣就隔絕了輻射、保障了健康。其實，深諳健康常識的人大有人在，但很少有人能恪守自律精神。明知早睡早起身體好，卻忍不住一次又一次地熬到深夜；明知適量運動能增強體力，讓自己變得更有活力，卻始終無法改掉「能躺著就不坐著，能坐著就不站著」的壞習慣。你毫無節制的行為為未來埋下了太多隱患。要知道只有懂得自律，懂得適可而止，你的健康才有保障，你的生活才會一改糟亂、無秩序的現狀，變得積極、明媚起來。

　　健康大於一切，為此，你需要做到以下幾點：一、調整作息，讓生活變得井然有序。很多白領的忙碌都是自己一手

第十章　健康，是奠定未來的基石

造成的，其實，只要他們能夠利用好上班時間，有條不紊地處理完手頭事務，不至於一次次加班至深夜。自律的正確姿勢一定是該努力的時候抓緊每一分鐘，該休息的時候放下一切去休息。

二、從沉鬱的心境中跳出，確保每天都有好心情。人生經驗豐富的老人總會教導年輕人：老是鬱鬱寡歡等於在餵自己吃毒藥，健康遲早要出問題。保持良好的精神狀態是十分重要的事情，若你正在為未來過分擔憂，嘗試著跳出憂鬱的心境，努力讓自己快樂起來。

三、養成定期進行健康體檢的習慣。很多人對自己的身體不夠關注，總是不舒服了才想起去醫院檢查。其實很多疾病在早期是毫無症狀的，一時大意有可能失去最佳治療時機。

體檢除了可以發現一些隱藏的疾病外，還會將身體的健康狀態一覽無遺地展現在你的面前，讓你清楚地認知到自己的生活方式有多不健康。這樣你就能及時做出調整與改變。

強健的體魄是事業基礎

將生活視為一個天平，如果天平的一端放的是健康的體魄，另一端放的是我們夢寐以求的事業，無論哪一端過重或

過輕，都會讓我們的生活品質大大降低。

　　唯有自律，才能保持兩者之間的平衡。既能讓你逐步享受到事業成功的滋味，又能保障你的身體處於健康的狀態中，始終充滿活力。

　　李芮涵在一家傳媒公司工作，有一天晚上她在公司裡加班至深夜。當芮涵起身準備去洗手間的時候，突然一陣頭昏，她眼前一黑便人事不知。

　　等到她醒來的時候，已經是第二天的中午了。映入眼簾的，是母親焦慮的面龐。原來那晚她驟然昏倒的時候，嚇壞了同事。眾人連忙撥打急救電話，將她連夜送去了醫院。

　　父母接到通知後，第一時間趕來，守候在她身邊。這時候，見芮涵恢復了意識，父親連忙叫來了醫生。醫生問了幾個常規問題，隨後嚴肅道：「你們年輕人工作壓力大，加班是常有的事，但一定記得要保護好身體健康，身體底子再好也禁不起折騰啊！」

　　芮涵感到一陣委屈，說：「可是不拚的話，怎麼會有未來？」

　　醫生慢慢道：「工作當然要努力，但也不能忽略了健康。妳要是病倒了，誰來照顧妳的父母？妳的事業還能繼續下去嗎？」

　　生活中，幾乎所有的人都在追求著輝煌的事業和不菲的財富，甚至有人固執地用健康去交換。殊不知，健康一旦無

第十章　健康，是奠定未來的基石

法保障，除了要遭受身心折磨外，事業也將難以為繼，乃至你多年累積的積蓄都只能拱手送往醫院。

這個道理很多人都明白，可是當事業心、功名欲越發膨脹的時候，他們往往會將失去健康所要付出的代價選擇性地遺忘。

我們身邊從不缺乏這樣的人：為了工作付出所有的時間和精力，恨不得「鞠躬盡瘁，死而後已」。為了在繁華的都市裡扎下腳跟，他們將身體的不適完全拋到了腦後，要不一杯接一杯地灌著黑咖啡，要不急匆匆地穿梭在高樓大廈間，連等電梯的時間都覺得是浪費。

他們在追逐理想和怠慢健康之間搖擺不定，直至天平完全偏向了前者。偶爾聽到「過勞死」的新聞，他們心中也曾閃過淡淡的擔憂。於是將起床鬧鐘從凌晨 5 點調整到凌晨 5 點半，再安慰自己「我這麼年輕，那些不幸的事沒理由發生在我身上」。

血淋淋的數據就在我們身邊。然而，遺憾的是，人們總是等到出了事才慨然喟嘆，後悔不已，平日生活中卻很少有人將健康問題放在第一位。

稻盛和夫總結的成功公式是：「成功＝能力 × 熱情 × 思維方式。」他說，健康的體魄在所謂的能力中占據著極其重要的位置。若將能力視為大廈，強健的體魄就是地基。身體垮了，上面的一切都會搖搖欲墜，遲早散架、坍塌。

更重要的是，一旦健康離你而去，你的意志力早晚粉碎

強健的體魄是事業基礎

坍塌。只因病人是世界上痛苦的群體之一，長期處於身心折磨下，他們只會變得越來越脆弱。當健康、自信、意志力都在面臨全方位的挑戰的時候，你拿什麼去拚事業？

朱昌武經常對自己公司的員工提起這個故事：在浩瀚的海洋中，很多魚的身上長著魚鰾，有了它，魚們才能自如遨遊。可鯊魚的身體結構卻與別的魚不同，牠沒有魚鰾，照理說，鯊魚根本無法在海底下生存。為了活下來，鯊魚只能不停地游來游去，直至擁有了一副強健的體魄，慢慢成為海底世界中令人聞風喪膽的霸主。

曾有員工問這個故事有什麼特殊含義，朱昌武微微一笑說：「鯊魚為什麼能奠定霸主地位？正因牠毫不放鬆的意志力讓牠練就了數一數二的體魄，這是牠『事業』崛起的本錢。城市好比海洋，很多年輕人資歷不夠，文憑也拿不出手，如何成功？首先得保證你有強健的體魄，再慢慢練就屬於你的『魚鰾』。」

人們為了獲得能讓自己活下去的「魚鰾」，做出的第一選擇是犧牲時間、體力和健康。可是擁有強健的身體，也是對自己的一種投資。只因在人生的戰鬥中，能否笑到最後，就在於你能否一直將良好的身心狀態保持到最後。

如果你想獲得事業的成功，首先得愛惜自己的身體，保持自己的體力和精力。記住，一旦你的健康受到了威脅，成功的可能性也隨之降低。

261

第十章　健康，是奠定未來的基石

別再懶惰了，享受運動的快樂

「動」與「不動」能對一個人的心情產生決定性的影響。享受運動的人一般都喜歡親近自然，有著樂觀活潑的性格。而討厭運動的人一般更容易心情壓抑，總是鬱鬱寡歡。

運動能夠帶來的快樂純粹而簡單，這正彰顯了自律的本色。所謂自律，無非是恪守一定的規則，對自己有所要求。你若是任由自己待下去，只會變得越來越懶；你若積極地動起來，就能逐漸享受到運動和自律的快樂。

王嘉嘉是一個體重嚴重超標的胖女孩。為了減肥，她走過不少彎路，還曾因為誤食減肥產品被送到醫院洗胃。在父母的勸告下，她終於走上了正確的減肥之路──運動。

她選擇的運動方式是瑜伽。當她第一次走進瑜伽會館的時候，心中其實並未抱有太大的希望。一年後，嘉嘉幾乎蛻變成另一個人。她的瑜伽教練是一個柔美的女生，總是輕言細語地糾正著嘉嘉的錯誤動作，幫助她重塑信心。

一開始，嘉嘉能夠感受到的只有痛苦，絲毫體會不到瑜伽的魅力。當她費力地擺出一個姿勢時，只覺得鏡子裡的自己醜陋無比。幸好教練不斷地安慰著她，耐心地陪伴她度過了最艱難的時光。不知從哪一天起，嘉嘉聽到那舒緩的音樂的時候，心中瀰漫著一陣欣慰，快樂的感覺一點點占據了她的腦海。

別再懶惰了，享受運動的快樂

一年後的嘉嘉，成功減去了 15 公斤的體重，變得自信而開朗。如今的她，一天不做瑜伽就覺得渾身都不舒服。當她將自律意識變成一種行為準則的時候，快樂從此與她形影不離。

詩人尚－雅克·盧梭（Jean-Jacques Rousseau）斷定：「身體虛弱，它將永遠無法培養有活力的靈魂和智慧。」而李奧納多·達文西（Leonardo da Vinci）說：「運動是一切生命的泉源。」運動能帶給你健康、帶給你自信、帶給你快樂，更教會了你一個重要的道理：唯有努力、唯有自律，才能收穫夢想中的身材，享受到最純粹的快樂。

運動後大汗淋漓的暢快感是人生中美妙、難得的感受之一，當你將它變為自我悅納的一件樂事之後，你再也不會覺得堅持運動需要動用天大的意志力。運動能帶給你的是從身體到心態的全方位的改變，它更是一種門檻最低、性價比最高的悅己行為。

之所以說運動能帶來快樂，是有科學依據的。首先，運動能幫助我們減輕壓力，增加人的心理韌性。醫生在面對情緒疾病患者的時候，總會給出一個建議——少想多運動。有人曾為此做過具體的實驗：一次性身體活動持續半小時，可產生愉悅心理。

這是因為一旦你動起來，大腦會釋放「內啡肽」及一種名

第十章　健康，是奠定未來的基石

為「腦源性神經營養因子」的物質，前者會帶來某種興奮作用，類似於尼古丁；後者能保護和修復記憶神經元。這是我們運動完後總會覺得一身輕鬆，心情格外愉悅的原因。

其次，運動能改善大腦功能，提高你的反應能力。「四肢發達，頭腦簡單」是對運動員最大的誤解，實際上，優秀的運動員大多聰明機警，有著普通人難以匹敵的極速反應能力。

長期運動，可以讓你的神經系統發育得越發強健，同時讓你的大腦變得更靈活，想像能力也得以提高。也就是說，運動能讓你的大腦變得像你的身材一樣迷人。很多人便是從運動開始，一點點重塑自律的品性和自信的三觀，最終一驅人生中的暴雨愁雲，迎來了歡樂與陽光。是運動，幫助他們實現了人生的大逆轉。運動的種種好處不必贅述，下面向讀者介紹一些常見的、容易堅持的運動方式：

一、散步或者快步走。散步是一種調節心情、緩解壓力的好方法，而快走更是一種有氧運動。對於老人或者運動新手來說，養成散步、快走的習慣是十分有益的。某研究數據顯示，將這種簡單的、低強度的運動長期堅持下去的人罹患憂鬱症的風險會更低。

二、跑步。跑步被稱為簡單有效的運動方式之一。只要穿上舒適的跑鞋，你便能輕鬆開啟一段健康之旅。規律性的

跑步能大大提高你的心肺功能、延遲骨骼老化的速度、改善你的睡眠品質。很多人就是從跑步開始徹底地愛上了運動。

三、爬山。爬山堪稱最古老、最和諧的運動。古人將登山望遠視為人生樂事，對於現代人來說，暫時遠離繁華鬧市，去郊外踏青、爬山，不失為一種最佳的運動方式。

從山腳至山頂，是一段辛苦而又愜意的旅程。耳邊迴盪著鳥鳴，目之所見都是一片青翠，連胸腔中呼出的氣息都帶著大自然的清新，這種感受實在是太美妙了。

堅持鍛鍊身體，也是鍛鍊意志力

長期的、規律性的健身運動不僅能帶給你健碩的肌肉、勻稱的身材，還能讓你的精神面貌煥然一新。更重要的是，健身是一種意志的磨練，更是一種生命的體驗。

很多人嘗試過各式各樣的健身方法，跑步、游泳、登山、練體操等，每次決定運動前，都會信心滿滿地購足全套的運動裝備、申辦昂貴的健身卡，請有名的私人教練、訂科學合理的健身餐，但最後往往只能迎來一個結局：無疾而終。

他們給出的理由有很多：實在是太累了、遲遲看不到預期中的效果、沒時間……說來說去，話題最終會回歸於一個關鍵詞上：意志力。缺乏意志力，成為他們失敗的最大原因。

第十章　健康，是奠定未來的基石

　　這實際上是一種誤解，只因健身與意志力的關係反而與大多數人的認知不同。健身固然離不開意志力，卻也是增強意志力的一個有效途徑。簡而言之，普通人若想要磨練意志力，想要真正領略自律的滋味，就去將健身運動日復一日地堅持下去吧。

　　為何說健身反而能夠鍛鍊意志力？首先，健身的難度可以逐級增加，也就是說，它是一件完成度較高的事情。相對於大腦活動來說，健身運動其實更容易堅持。比如說，你規定好一天做十個伏地挺身，無論最後能不能如數完成，都做完一個是一個。

　　而很多大腦活動都沒有明確的標準和定數，拿寫作來說，無論完成度如何，心裡總有遺憾的地方，作品也總是存在著進一步優化的空間。當你利用運動器材，按照自身能夠承受的強度完成指定動作後，成就感會因「完整地完成了一件事情」而逐級增強。

　　其次，健身回饋明顯，這對人的意志力會造成強烈的刺激。現代人巴不得上一秒付出努力，下一秒就要獲得回報。雖然健身也是一件只有長期堅持才能有所收穫的事情，但它的回饋卻比一般活動要明顯得多。

　　無論你的動作是否標準、姿勢是否專業，只要你扎扎實實地跑了十分鐘、練了十分鐘的有氧搏擊，心跳立刻加速起

堅持鍛鍊身體，也是鍛鍊意志力

來，額上也會沁出汗水。

每次鍛鍊之後肌肉的痠疼感都無比真實，它為你下一次的健身運動做好了鋪墊，你會慢慢愛上這種感覺。你逐漸收緊的皮膚、越來越結實的小腿都在向大腦發射出強烈的訊號，當你自信心持續高漲的時候，你的意志力將在無形中得到提升。2006年，兩位澳洲學者針對健身與意志力的關係做了一項實驗，他們邀請20多個成年人，年齡分布在18至50歲之間。學者為他們制定了一項為期8週的健身訓練計畫。實驗期間，這些人必須改變以往不良的生活習慣，強迫自己去健身房完成鍛鍊。

兩個月後學者檢查發現，這些人的身材變得修長、健碩，而其生活方面的壞習慣也得到了抑制和改善。兩名學者最終得出結論：當人們在生活的某一方面的意志力得以增強的時候，這種意志力最終會影響生活的其他方面。所以說，長期的健身足以練就強大意志力。

有位美國年輕人扎克・蔡勒（Zach Zeiler）15歲時極其瘦弱，體重幾乎不到40公斤。父母帶著他前往醫院檢查之後，一個晴天霹靂傳來，扎克居然罹患上霍奇金淋巴瘤。

扎克無法接受這個事實，變得越來越消沉虛弱。看到扎克愁眉不展的樣子，父母心都碎了。接受化療後，扎克整日躺在病床上，蒙著被子，不願意和任何人交流。醫生一度下達病危通知。有一天，扎克看著鏡子裡羸弱不堪的自己，突

第十章　健康，是奠定未來的基石

然決定要振作起來。

趁著身體好一點的時候，扎克抱著試一試的心態走進了健身房。而當他接觸到健身的那一天起，他的人生徹底走向了光明。一開始，扎克只能做一些強度很小的訓練。每次運動完抹去額上汗水的時候，他心裡湧上一股久違的歡喜與滿足感。他不斷地學習、總結著健身經驗，一點點增強訓練強度和重量。兩年過去後，他的外貌發生了巨大的改變，體重增長至70多公斤，身材的線條變得極具美感。更神奇的是，他的病情也得到了控制，身體情況趨向穩定。

很多人都曾抱怨說自己天生意志力差，根本沒辦法改善。扎克的經歷告訴我們，健身無疑是鍛鍊意志力的最佳方法。持續鍛鍊帶來的信心與成就感是推動人生前進的催化劑。當你做到了對自己身體都自如掌控的時候，還有什麼能難得倒你呢？

毫無節制的飲食有損健康

傳統社會中，節制精神一直被視為極其重要的美德。然而，在物質極其豐富的當今社會，各種美酒佳餚持續散發出普通人難以抵擋的致命誘惑。可是，無節制的飲食遲早會對人們的身心造成損傷。

自律的人，首先要做到牢牢壓制住自己的口腹之欲。每

毫無節制的飲食有損健康

個人的飲食都有定量，大吃大喝既是對糧食的浪費，也會對你的胃造成極大的負擔，最終影響你的身體健康。

王娜失戀後，突然染上了暴飲暴食的惡習。到了下班時間，她就直奔超市買一大堆零食。回家後王娜將自己關在屋子裡，一邊看著無聊的肥皂劇，一邊大口咀嚼著各種加工食品。這樣的日子持續了半年後，她足足胖了15公斤，跟變了個人似的。原本王娜是個很勤勞的人，現在卻變得很邋遢，屋子裡經常瀰漫著一股食物的腐爛味。

以往的她開朗愛笑，自從胖了後，她卻心生自卑，總是一個人待在角落裡，很少主動去認識新朋友。以前她對未來有很多規劃，現在卻常常覺得失意、悲哀，對什麼都失去了興趣。

更可怕的是，隨著她胃口越來越大，對食物的渴求一天比一天強烈，她的身體也出現了各種毛病。經常性的胃痛胃脹，鬧得她痛苦無比。

那一天，王娜胃不舒服準備去藥店買藥的時候，突然碰到了前男友。只見他摟著一個纖瘦、清秀的女孩迎面走來，瞧見了王娜後，前男友吃驚地瞪大了眼睛，王娜感到無地自容。回家後她大哭一場，將所有零食都扔進了垃圾袋。

在這個食慾橫流的時代，下定決心要過自律人生的人所面臨的第一個挑戰就是美食。飲食不節制，哪怕你吃的原本是有益健康的食物，也會對你的身體造成損害。

更嚴重的是，這種惡習得不到克制，只會愈演愈烈，直

269

第十章　健康，是奠定未來的基石

至攪亂你的人生節奏，讓你變得「面目全非」起來。

我們身邊關於貪吃、厭食的話題出現的頻率越來越高，暴飲暴食導致的進食障礙症幾乎成了社會流行病。這一切的源頭都來自無節制飲食。殊不知，《聖經》中將貪食視為嚴重的罪惡，而貪食者唯一拯救自己的辦法就是透過自律養成節制的習慣。

暴飲暴食應該摒棄，飲食有節才是真理。這要求我們既不能隨意放縱欲望，同時也要講究飲食的科學和方法。關於合理飲食，需要注意的點如下：

一、多吃無益，八分飽足矣。首先，你要對自身營養代謝狀況有全面的了解，在此基礎上對各種食物進行取捨，撇除不合理的膳食習慣，及時補充身體所需營養。其次，吃得過飽不但會對胃腸造成負擔，還會加速大腦衰老、誘發各種疾病。對於現代人來說，想要活得長壽，就得徹底改變以往大吃大喝的壞習慣，每餐保持七八分飽。

1. 為了減少食慾，可以飯前喝湯。湯能迅速抵消飢餓感，讓你的飯量驟減。
2. 吃得差不多了，迅速放下筷子或者離開餐桌。很多人吃飯的時候習慣了「筷不離手」，哪怕肚皮早已撐得滾圓，卻還是不停地往嘴裡塞著食物。越是這個時候越不能放縱自己，記住，要不及時放下筷子，或者乾脆離開餐桌，你只能二選一。

3. 細嚼慢嚥，在條件允許的情況下拉長吃飯的時間。你將食物咀嚼得越細碎，越有助於消化，大腦中「飽」的感覺也會越來越強烈，你對食物的渴望將隨之降低。
4. 別以怕浪費作為藉口。有些人看到飯菜剩下，立刻拿起筷子想要將它們「一網打盡」。這是很不好的習慣。如果你真的怕浪費，飯前就不該點那麼多。

二、制定科學合理的膳食計畫，使其比例適當。有的人雖然吃得多，看起來胖胖壯壯，身體卻很差。那是因為他們長期偏好一種或某幾種食物，忽略了攝取其他營養。要知道，只有合理搭配飲食，每天都能保障攝取多樣化的食物，才能滿足人體需求。

1. 不要抗拒粗糧，只吃精緻澱粉。精緻澱粉口感雖好，卻不能代替粗糧的功效。只有將其合理搭配，才能全面收穫營養。
2. 主副食按照一定比例搭配。富含豐富的碳水化合物的糧食一般被稱為主食，為人體提供主要的熱能。攝取主食後，也別忘了利用肉類魚蛋等副食來補充蛋白質、維生素等營養。
3. 根據季節變化來調整飲食比例，各做增減。夏季天氣炎熱，人們流汗較多，平時應多注意鹽分的攝取。如若食慾不振，可用酸味食品來提高食慾。

第十章　健康，是奠定未來的基石

戒掉對菸酒的依賴心理

古希臘哲學家泰利斯（Thales of Miletus）說：「向別人提意見是最容易的事，管理好自己是最難的事。」只有善於管理好自己的人，才有可能在人生的跑道上勝出。

想要管理好自己，先從生活習慣開始做起，第一就是要徹底戒掉對菸酒的依賴心理。「吸菸酗酒，危害健康」幾乎是人人的共識，然而我們身邊能夠成功戒菸戒酒的人卻少之又少。

只有擁有頑強的意志力，才能將「菸酒依賴症」徹底趕出自己的人生。在這個過程中，你自控的決心和信心但凡少了一丁點，都會造成功虧一簣的結局。

春節假期中，周翔因為重度酒精中毒被送去了醫院。8歲的女兒靜靜特意寫了一封信讓周翔妻子帶去了醫院。信中，靜靜一直在勸爸爸戒菸戒酒，希望他能夠以自己的身體、以家庭為重。躺在病床上的周翔仔細讀著這封信，熱淚慢慢湧出了眼眶。

瞧著女兒工整而又稚嫩的筆跡，周翔暗暗發誓，一定要徹底戒掉抽菸酗酒的惡習。出院後，生活漸漸恢復了平靜。周翔整整堅持了三個月遠離菸酒的生活。面對妻子和女兒的誇獎，他信心越發高漲，只覺得自己離成功越來越近。

然而那一天上班前，他不知怎的竟鬼使神差地繞去了吸

菸區。眼看著同事一個個吞雲吐霧的樣子，周翔的「菸蟲」徹底被喚醒。他猶豫著接過了同事遞給他的一根菸，貪婪地吸了起來。讓他沒想到的是，小小一根菸徹底打破了他的自信心。

當天晚上，周翔就偷偷喝起了酒。沒過半個月，他又恢復了以前的生活。

人們之所以喜歡抽菸，多是為了舒緩心情，讓精神放鬆。抽得久了，就形成了一種「心癮」。酗酒也是一樣，對有些人來說，酒精帶來的暈眩似乎能夠填滿空虛的心境。

這就是菸癮、酒癮不容易戒掉的原因。只有堅持走過漫長的過程，才能保證最終效果。如果你的意志力稍微脆弱一點，在中途偶爾犯下越界行為，心理防線立時便會坍塌，你只能無奈地接受這又一次的慘敗。有些人甚至抽得比以往更頻繁，喝得比以往更「凶殘」。

那麼，為什麼有些人就能夠成功呢？那是因為他們在生活的實踐中摸索出了各種各樣的方法，來保障自制力不在中途被破壞。具體可參考以下幾點：

一、對菸酒的危害認知得足夠清楚、徹底。有些人會主動去網路上收集菸酒損害健康的案例、圖片，或者向身邊人打聽「吸菸治癌」之類的例子，他們對細節了解得越清楚，反省得就越深刻。這能幫助他們堅定戒菸戒酒的決心。

第十章　健康，是奠定未來的基石

二、盡量避免進入菸酒環境，尋求家人、朋友的監督和幫助。環境能同化你的行為，削弱你的意志力。如果你真的想遠離菸酒，首先做到遠離菸酒環境。扔掉你的打火機、空酒瓶，不去吸菸區，盡量減少與菸民、酒精愛好者們接觸的機會，減少宴席數次。有時候，單靠你一個人是無法做到徹底抗拒菸酒環境的，不如向家人朋友們尋求幫助。有了他們的一臂之力，你成功的機率就會增加。

三、犯了菸癮、酒癮，再忍一下，將等待的時間推遲。如果你堅持的時間一次比一次長，就是意志的勝利。用這種方法來磨練自己的耐性，總有一天，你會徹底戰勝心癮。

四、善用系統脫敏療法，別因一時犯規而喪失信心。哪怕性格再堅毅的人一時半會兒也無法徹底改掉不良習慣，不妨將與心癮鬥爭的過程拉長，認知到你打的是一場持久戰。每天都定下清晰的指標，讓自己抽菸、喝酒的次數逐漸減少，直至杜絕。若指標完成順利，給予自己一定的獎勵來鞏固效果，增強信心。如果中途出現犯規行為，及時止損，並重塑信心從頭開始，千萬不要因此而重蹈覆轍。

五、轉移注意力，找出能代替菸、酒的精神寄託。菸酒成癮主要是因為形成了精神依賴，類似於美食帶來的滿足感。為了抵消戒菸、戒酒過程中那種空落落的感覺，開始的時候你可以多吃點新鮮水果，或者嚼口香糖來代替。之後，

你可以將注意力轉移到其他更有意義的事情上，挖掘、發展出更多的興趣愛好。

毒品，永遠不該觸碰的禁區

毒品是人類社會的危害，而吸毒行為則是犯罪的禍根。它能毀了個人的身體健康和精神意志，讓溫馨的家庭一夕間支離破碎。一個潔身自好的人必須堅定地站在毒品的對立面，努力發揮自律的榜樣作用，勇敢地承擔起對家人、對社會的責任。

高朗原本是一個十分聰明上進的人，多年前他從大學畢業後一路打拚奮鬥，終於小有成就，創辦了一家小小的公司。手頭寬裕之後，高朗身邊漸漸多了些狐朋狗友，儘管妻子曾多次委婉提醒，高朗卻始終無法看清那些所謂「朋友」的真面目。那些朋友逐漸將他引入酗酒、賭博的不歸路，最後高朗甚至染上了毒品。公司迅速倒閉，妻子也忍受不了，帶著兒子毅然離開了他。

高朗無數次發誓要戒掉毒品，卻又不斷復吸，變得越來越頹喪落魄。父母乾脆與他斷絕了關係，兄弟姐妹也拒絕與他來往。如今的他剛過40歲，原本正是風華正茂的年紀，可是老同學們卻大多認不出他來。只因他頂著一頭灰白髮，面色枯黃，身形佝僂，彷彿被毒品吸去了整個靈魂。

第十章　健康，是奠定未來的基石

　　吸毒的人無疑是在自毀前程。對於毒品，任何時候都不能掉以輕心。一個身體健壯、才華橫溢的年輕人，只要沾上了毒品，定會賠上原本出色精采的一生。

　　請謹記這條準則：永遠不要試圖考驗自己的自制力。任何一個癮君子吸毒之前都會過分自信於自己的自控能力、輕視毒品的危害。就像一個貪官，在墮落之初總認為自己可以及時收手，誰料胃口越來越大，直至將前途完全葬送。

　　毒品也是一樣，你要保證盡一切可能去遠離它，而不要去挑戰它，妄圖征服它。否則只能迎來一副冰冷的手銬、一個破碎的家庭和失去理智的你自己。世界範圍內，每年會有超過50萬人因毒品而喪生，其中20至30歲的青年男女占據絕大部分比例。只因毒品極易成癮，它可能會引發包括心律失常、急性腎功能衰竭、精神疾病、肝炎、肺結核等一系列疾病及併發症。

　　毒品除了能掏空你的身體健康外，更可怕的是它會剝奪你做人的尊嚴，將你和你身邊的人一再逼上絕路。普通人唯有自律，遠離毒品這個惡魔，才能避免這種種慘痛的後果。

　　平日生活中，我們尤其得注意以下幾點：一、秉持正確的人生觀、價值觀，不斷豐富自己的精神世界。很多人之所以走上吸毒的不歸路，是因為他們的精神世界太過貧乏、空虛，所以選擇用毒品來麻醉自己、逃避現實。

而一個精神世界強大、豐富，三觀正常的人會不斷加築自我心理防線，徹底斷絕接觸毒品的管道和機會，讓毒品始終遠離自己的生活。

二、拒絕陌生人的無端示好，如無必要，盡量少去娛樂場所。翻看真實案例，你會痛心地發現，很多青少年都是因為去酒吧歌廳遊玩的時候，受了陌生人的蠱惑而染上了毒癮。

周遭的環境越複雜，你越要留心，堅決拒絕陌生人或者所謂的熟人遞過來的香菸、飲料。如果有人向你描述吸毒的快感、鼓吹吸毒的好處，或者以「吸毒可以減肥」的說法來引起你的興趣，一定要提高警惕，及時抽身而出。記住，行錯一步就是萬劫不復。

三、不與吸毒者為伍。很多人在交友之時沒有防備之心，很容易受人蠱惑，將損友當作了知心好友。如果你發現所交之人有不良嗜好，或者親戚朋友中有人存在吸毒行為，一定要堅定底線和立場，主動遠離他們，以免被拉入渾水。

四、好奇害死貓，別因一時的好奇而走上毀滅之路。毒品形式多樣化，每一種都會對你的身體及人生造成難以挽回的影響。很多年輕人好奇心強，自制力又差，面對毒品的誘惑做不到堅決抵抗。

他們雖然明知毒品的危害，卻仍然希望可以從中感受到

第十章　健康，是奠定未來的基石

不一樣的刺激。殊不知，墮落之路一旦開始，便再也無法回頭。

　　五、不小心與毒品沾上了關係，立刻聯繫專業人員，或者去戒毒所尋求幫助。有些年輕人因別人不懷好意的坑害而誤食毒品，他們羞於將此事告知家人、朋友，只得自己默默承受。其實，這是種錯誤示範。

　　你要清楚這時候你的意志力是最脆弱的，錯了第一次，就可能錯第二次。你應該做的，是第一時間尋求專業人士的幫助，有了他們的幫忙，你才有走出深淵的希望。

毒品，永遠不該觸碰的禁區

國家圖書館出版品預行編目資料

自律引力！讓成功主動靠近：時間規劃 × 目標計畫 × 財富認知 × 事業成就 × 情感世界，生活可能會失控，但你的態度決定了結果！/ 樊曉鵬 著. -- 第一版. -- 臺北市：財經錢線文化事業有限公司, 2025.02
面； 公分
POD 版
ISBN 978-626-408-160-3(平裝)
1.CST: 自我實現 2.CST: 生活指導 3.CST: 成功法
177.2　　　　　　　　114000812

電子書購買

爽讀 APP

自律引力！讓成功主動靠近：時間規劃 × 目標計畫 × 財富認知 × 事業成就 × 情感世界，生活可能會失控，但你的態度決定了結果！

臉書

作　　者：	樊曉鵬
責任編輯：	高惠娟
發 行 人：	黃振庭
出 版 者：	財經錢線文化事業有限公司
發 行 者：	崧燁文化事業有限公司
E - m a i l：	sonbookservice@gmail.com
粉 絲 頁：	https://www.facebook.com/sonbookss/
網　　址：	https://sonbook.net/
地　　址：	台北市中正區重慶南路一段 61 號 8 樓
	8F., No.61, Sec. 1, Chongqing S. Rd., Zhongzheng Dist., Taipei City 100, Taiwan
電　　話：	(02) 2370-3310　傳真：(02) 2388-1990
印　　刷：	京峯數位服務有限公司
律師顧問：	廣華律師事務所 張珮琦律師

-版權聲明-

本書版權為樂律文化所有授權財經錢線文化事業有限公司獨家發行繁體字版電子書及紙本書。若有其他相關權利及授權需求請與本公司聯繫。
未經書面許可，不得複製、發行。

定　　價：375 元
發行日期：2025 年 02 月第一版
◎本書以 POD 印製

Design Assets from Freepik.com